"Empecé a ayunar siendo un adolescente simplemente por hambre de más de Dios. Fue durante el ayuno que experimenté un despertamiento. Este momento me impulsó en mi llamado a predicar el evangelio. A través de estas páginas, el pastor Stovall Weems desafía al lector a creer en Dios para una vida cristiana que no solo se centre en la gloria de algún día, sino en la gloria de hoy: viviendo en su presencia, despertado por su Espíritu y caminando en su propósito. ¡Su despertamiento no está muy lejos! Este libro le dará las llaves para que avance."

— JENTEZEN FRANKLIN, pastor principal de la Free Chapel y autor del éxito de ventas del *New York Times El ayuno: Abra la puerta a una relación más profunda, íntima y poderosa con Dios.*

"Hay un despertar a punto de estallar en esta generación. Es un despertar de poder, de integridad y de búsqueda de Jesús de todo corazón. Nadie encarna estas características más que mi amigo Stovall Weems. Si quiere que su alma se encienda con la pasión que fue creado a poseer, usted necesita leer este libro."

— STEVEN FURTICK, pastor principal de la Iglesia Elevation y autor de *Sun Stand Still*

"Para dirigir eficazmente a otros como un líder de la iglesia, una de las cosas más importantes que usted deberá hacer es aprender a llevarse bien. En *El despertamiento*, Stovall Weems comparte algunos principios valiosos para ayudarlo a asegurarse de que *su* liderazgo espiritual se mantenga saludable, vibrante y lleno de la vida y el fuego de Dios. El mensaje de *El despertamiento* es vital para cada líder de la iglesia y estoy muy contento de que Stovall esté compartiendo estos principios con el Cuerpo de Cristo. *El despertamiento* no solo lo alentará hoy día, sino que también lo preparará para el mañana."

— JOHN C. MAXWELL, autor, orador y fundador de EQUIP Leadership Inc.

"Pasión. Celo. Autenticidad. Estas son las características que deberían describir la vida de una persona que ama a Dios. Yo quiero que describan la mía, y si este libro está en sus manos, lo más probable es que usted quiera lo mismo. No hay nadie mejor que Stovall Weems para hacernos comprender cómo obtener los tres. Su entusiasmo por las cosas espirituales es genuino y contagioso. La decisión de leer estas páginas transformará drásticamente su caminar con el Señor. Así que limpie sus cansados ojos espirituales y prepárese para despertar."

— PRISCILLA SHIRER, autora y maestra de la Biblia

"Este mundo nunca será cambiado por la gente pasiva. Todos los grandes logros de la humanidad se han producido a través de personas apasionadas que no tenían miedo de lo que otros pensaban o decían de ellos. *El despertamiento*, el libro de mi amigo Stovall Weems, es un llamado de alerta a todos los cristianos a dejar de estar al margen, descubrir la pasión que tienen dentro y vivir la vida extraordinaria que Dios los llama a vivir."

— JOHN BEVERE, autor de *Extraordinario: La vida que está destinado a vivir*, orador y cofundador de Messenger International

"Sabemos en lo profundo de nuestros corazones que realmente estamos hechos para vivir en una emocionante, apasionada, continua, locamente enamorada relación con Jesús, pero muchos de nosotros no sabemos cómo mantenerla. ¡En *El despertamiento*, Stovall Weems nos muestra lo fácil que es! ¡Gracias por volver a despertar mi alma a través de este libro que cambia vidas!"

— ROBERT MORRIS, pastor principal de la Iglesia Gateway

"Si usted quiere experimentar a Dios de una manera rica, poderosa y apasionada todos los días, sin duda va a querer leer *El despertamiento*. Conocer a Dios mediante la oración y el ayuno puede ser algo que lo cambie para siempre. Mi amigo Stovall vive así todos los días, y está revelando secretos que yo nunca había visto o leído antes. Todos necesitamos este libro, y lo necesitamos ahora."

— RICK BEZET, pastor líder de la Iglesia New Life, Arkansas Central

"Con sus propias palabras, Jesús dijo que vino a la tierra para que podamos experimentar una vida abundante. En otras palabras, la relación personal e íntima que podemos tener con Dios nos llevaría a experiencias extraordinarias prácticamente cada día. Pero con demasiada frecuencia, los cristianos encuentran que a su relación con Dios le falta alto. En las páginas de *El despertamiento*, mi íntimo amigo Stovall Weems despliega el poder y potencial de una relación con Dios revitalizada y reenergizada. ¡Y nos muestra exactamente cómo mantenernos alertas y expectantes en nuestra fe de que cada día encontraremos lo extraordinario!

— ED YOUNG, pastor de la Iglesia Fellowship y autor de *Outrageous, Contagious Joy*

"En *El despertamiento*, Stovall Weems despliega la verdad eterna de que hay poder en la oración y el ayuno. Su relación con Dios recibirá un sacudida como usted nunca experimentó antes con la enseñanza práctica que es revelada a través de este libro. Mi oración es que, a medida que lo lea, usted se encuentre a sí mismo más emocionado que nunca antes respecto al presente y futuro de su vida."

— DINO RIZZO, pastor líder de la Iglesia Healing Place

"Stovall Weems es un profeta de hoy. En este innovador libro nos ayuda a despertar al hecho de que Dios quiere que vivamos un cristianismo radical, apasionado. Jesús no vino a darnos una obligación religiosa, sino vida abundante. Me dejó un renovado amor y pasión por Jesús y una clara comprensión de los privilegios y propósito de la oración y el ayuno. Este hombre vive este mensaje, así que léalo a su propio riesgo. Usted nunca será el mismo."

— CHRISTINE CAINE, directora de Equip and Empower Ministries y fundadora de The A21 Campaign

"Una de las cosas que más me gustan es ver a la gente cuando tiene ese momento de 'captación' que cambia su vida. Este libro lo hará para usted. Me encanta el hecho de que sea fuente tanto de inspiración como de información. La pasión de Stovall ha impactado mi vida y, a través de este libro, impactará la suya también. Léalo y experimente un despertamiento. Como Stovall dice: 'Después de un despertar, la vida nunca es la misma'."

— JOHN SIEBELING, pastor líder de la Iglesia The Life, Memphis, Tennessee

"En un momento en que el tejido moral de nuestra generación está erosionado y los corazones de las personas están cada vez más lejos de Dios, Stovall Weems nos llama a volvernos a Dios de todo corazón. En este libro eficaz y oportuno, usted será inspirado e informado sobre el poder transformador de la vida de oración y ayuno. Esta es una lectura obligada en cualquier etapa de su caminar con Dios."

— CHRIS HODGES, pastor principal de la Iglesia de las Highlands, Birmingham, Alabama

El despertamiento

Stovall WEEMS

CASA
CREACIÓN

La mayoría de los productos de Casa Creación están disponibles a un precio con descuento en cantidades de mayoreo para promociones de ventas, ofertas especiales, levantar fondos y atender necesidades educativas. Para más información, escriba a Casa Creación, 600 Rinehart Road, Lake Mary, Florida, 32746; o llame al teléfono (407) 333-7117 en Estados Unidos.

El despertamiento por Stovall Weems
Publicado por Casa Creación
Una compañía de Charisma Media
600 Rinehart Road
Lake Mary, Florida 32746
www.casacreacion.com

No se autoriza la reproducción de este libro ni de partes del mismo en forma alguna, ni tampoco que sea archivado en un sistema o transmitido de manera alguna ni por ningún medio –electrónico, mecánico, fotocopia, grabación u otro– sin permiso previo escrito de la casa editora, con excepción de lo previsto por las leyes de derechos de autor en los Estados Unidos de América.

Descargo de responsabilidad: Este libro no se propone como sustituto del consejo y cuidado de su médico, y como para cualquier ayuno, ejercicio físico, dieta o plan de nutrición, usted debería aplicar su propio criterio, en consulta con su médico, para utilizar la información presentada. El autor y la editorial están exentos de toda responsabilidad por cualquier efecto adverso que pueda resultar del uso o aplicación de la información contenida en este libro.

A menos que se exprese lo contrario, todas las citas de la Escritura están tomadas de la Santa Biblia Reina Valera Revisión 1960 © Sociedades Bíblicas Unidas, 1960. Usada con permiso.

Otra versión utilizada es la Santa Biblia, Nueva Versión Internacional ©1999 por la Sociedad Bíblica Internacional (marcada NVI). Usada con permiso.

Las citas de la Escritura marcadas (NTV) corresponden a Santa Biblia, Nueva Traducción Viviente, © Tyndale House Foundation, 2010. Usado con permiso de Tyndale House Publishers, Inc., 351 Executive Dr., Carol Stream, IL 60188, Estados Unidos de América. Todos los derechos reservados.

Las citas de la Escritura marcadas (LBLA) corresponden a La Biblia de las Américas, Edición de Texto, ©1997 por The Lockman Foundation. Usada con permiso.

Traducido por María Mercedes Pérez, Carolina Laura Graciosi, María Bettina López y María del C. Fabbri Rojas.

Coordinación, revisión de la traducción y edición: María del C. Fabbri Rojas
Director de diseño: Bill Johnson

Originally published in English under the title:
Awakening by Stovall Weems

Copyright © 2010 by Stovall Weems
Published by WaterBrook Press
An imprint of The Crown Publishing Group
A division of Random House, Inc.
12265 Oracle Boulevard, Suite 200
Colorado Springs, Colorado 80921 USA

International rights contracted through:
Gospel Literature International
P.O. Box 4060, Ontario, California 91761-1003 USA

This translation published by arrangement with WaterBrook Press, an imprint of The Crown Publishing Group, a division of Random House, Inc.

Spanish edition © 2011 Casa Creación, a Charisma Media Company
600 Rinehart Road Lake Mary, Florida 32746

Visite la página web del autor: www.awakeningbook.org

Copyright © 2011 Casa Creación
Todos los derechos reservados

Library of Congress Control Number: 2011936059
ISBN: 978-1-61638-512-5
E-book: 978-1-61638-561-3

11 12 13 14 15 * 7 6 5 4 3 2 1
Impreso en los Estados Unidos de América

Este libro está dedicado a toda nuestra familia de la Iglesia Celebration.

Estoy agradecido por el privilegio de ser su pastor y me encanta vivir con ustedes. Es un honor servir a Dios con un grupo de personas tan auténticas, devotas y entusiastas.

Contenido

Prólogo xiii

1 El despertamiento 1

PARTE UNO La experiencia del despertamiento

2 ¿Está despierto? 8

3 Pasión y autenticidad 14

4 Redescubra la gracia 22

5 Dios lo llena, no lo fuerza 37

PARTE DOS El estilo de vida del despertamiento

6 Desempaque los secretos de la oración 50

7 La nueva escuela del ayuno 63

8 Acuerdo, alineación y misión 73

9 Poder para su voluntad 88

10 No hay vuelta atrás 100

11 Ayunar para su salud 107

12 La historia del despertamiento 115

El Plan de El Despertamiento de 21 días 125

Guía de estudio para grupos pequeños 197

Reconocimientos 203

Acerca del autor 205

Prólogo

Me siento obligado a advertírselo. El autor de este libro, Stovall Weems, no es una persona normal. Usted no tiene que pasar sino unos minutos con él para darse cuenta de que hay algo diferente acerca de él. Su familia es diferente. Su iglesia es diferente. Su opinión sobre conocer y servir a Dios es diferente.

Se podría decir que Stovall es un poco raro, en el mejor de los sentidos. Seamos realistas. Lo normal no está funcionando demasiado bien, ¿verdad? Es normal que los matrimonios terminen en divorcio o rengueen patéticamente durante años. Para la gente es normal luchar financieramente, viviendo con apenas lo indispensable, con la esperanza de un día mejor que nunca llega. Es normal que la gente crea en Dios, pero viva como si Dios no existiera. En lo que concierne a la mayoría de las cosas del mundo de hoy, lo normal no está dando resultado.

Afortunadamente, Stovall ha escrito un libro que no se acerca para nada a lo normal.

Cuando conocí a Stovall hace varios años, me di cuenta de que teníamos historias similares. Aunque ambos somos pastores hoy en día, no crecimos en hogares cristianos. De hecho, ambos éramos tipos fiesteros. Los dos nos metimos en un montón de líos, perseguimos a muchas chicas, y bebimos mucha cerveza barata, y los dos nos encontramos de una manera muy personal con el Dios del que habíamos oído hablar. Por el amor de Dios a través de su Hijo, Jesús, ninguno de nosotros volvería a ser el mismo.

Inundados de pasión por este Dios asombroso, ambos entramos al ministerio a tiempo completo. Para ser sincero, cuando llegué a ser pastor, yo preveía estudios bíblicos, reuniones de oración y gozo espiritual constante. En su lugar he descubierto que el ministerio es un verdadero trabajo y que tiene problemas reales como los que cualquier otra persona enfrenta en el mundo real.

Mi una vez ardiente fuego por Dios comenzó a enfriarse. La luz que había brillado durante años se atenuó silenciosamente. Mis tiempos de oración se hicieron más cortos y menos significativos. Al poco tiempo, leía la Biblia para preparar los mensajes, pero no por anhelo personal de

Dios. Les dije a decenas de personas que oraría por ellas, pero rara vez lo hice. Hablaba el lenguaje espiritual, pero carecía de verdadera pasión espiritual.

Espiritualmente, empecé a quedarme dormido.

Pero un día, Dios me mostró claramente algo que me sacudió y despertó: me había convertido en un pastor a tiempo completo y un seguidor de Cristo a tiempo parcial.

Quizás a usted le ocurrió algo parecido. Tal vez hubo una época en que estuvo más cerca de Dios que hoy. Usted amaba su Palabra, anhelaba su presencia y reconocía su voz. Dios lo era todo para usted. Pero la vida comenzó a pasar. Al principio no se dio cuenta, pero lentamente comenzó a alejarse de Él. Pasaron semanas, meses, tal vez años. Un día se dio cuenta de que había estado en una larga siesta espiritual. Ahora usted es a tiempo completo una mamá o una persona de negocios o estudiante o lo que sea, y un seguidor de Cristo a tiempo parcial.

Si ese es su caso, no es casualidad que esté sosteniendo este libro en sus manos. Como he dicho, Stovall no es una persona normal. Y este no es un libro normal.

Puedo decir con sinceridad que el mensaje de despertar de Stovall me ha impactado personalmente de una manera que altera la vida. La primera vez que me retó a buscar a Dios por veintiún días, estuve abierto a ello, hasta que me explicó que íbamos a ayunar. Rápidamente encontré varias excusas para evitar cualquier cosa que estuviera entre la comida y yo. Y mis excusas me detuvieron durante dos años consecutivos.

Sin embargo, después de pasar un fin de semana con Stovall en su iglesia, Dios (a través de Stovall) me convenció de buscar un despertamiento, una búsqueda que incluía el ayunar. Aunque no fue un camino fácil, valió la pena de todos los sacrificios y mucho más. Mi vida, mi iglesia, mi matrimonio, mi familia y mi pasión por Cristo nunca fueron los mismos. Le prometo que si se toma en serio este viaje, verá resultados espirituales similares o aun mejores.

Abra su corazón. Abra su mente. Abra su espíritu.

Es el momento de su despertamiento.

— Craig Groeschel
Pastor principal de la LifeChurch.tv
Edmond, Oklahoma

El despertamiento

> En lo que requiere diligencia, no perezosos; fervientes en espíritu, sirviendo al Señor.
> — ROMANOS 12:11

¿QUÉ TAN CERCA se siente a Dios? La mayoría de nosotros siente que en una relación con Dios hay *más* de lo que comúnmente está experimentando. Pero, ¿cómo desarrollar un vínculo más íntimo con Él?

Como devoto seguidor de Jesús, he aprendido algunos secretos para mantener siempre fresca mi relación con Dios. Esta profundización de la amistad se inicia con lo que yo llamo un *despertamiento*.

Después de un despertamiento, la vida nunca es igual.

Una relación con Dios es lo más gratificante que una persona puede experimentar. Sin embargo, he observado que aunque la gran mayoría de los creyentes empieza con mucha pasión y entusiasmo su relación con Dios, con el tiempo disminuye el entusiasmo.

En el día a día, su relación con Dios se vuelve pasiva con el tiempo. Hay ocasionales estallidos de emoción, pero aun esa emoción es de corta duración. Su caminar con Dios parece tener unos pocos altos, algunos bajos… y una gran cantidad de lo mundano en el intermedio.

> El cristianismo apasionado debería ser la norma para todos los creyentes, no la excepción.

¿Por qué es así?

¿No le parece, como a mí, que algo está terriblemente mal en ese cuadro? Jesús dijo: "yo he venido para que tengan vida, y la tengan en abundancia" (Juan 10:10). ¿No estamos vagamente inquietos con la idea de que de algún modo una relación diaria con Dios... *el* Dios del universo... pueda terminar con sabor a pan rancio? La Biblia es clara en que nuestra pasión y "fervor espiritual" deben ser constantes (Romanos 12:11). Así que, ¿por qué tantos cristianos aceptaron una experiencia de fe que está tan por debajo de lo que Dios quiere para ellos?

Creo que tenemos un sentido innato de que servir y adorar a un Dios infinitamente poderoso no puede ser algo mundano. Sin embargo, muchas personas parecen pensar que la interacción dinámica con Dios solo se produce de forma aleatoria o que, por alguna razón desconocida, no está sucediendo ahora. Y, ciertamente, no esperamos que estos encuentros sean constantes. Estos creyentes se encuentran en déficit sobre cómo recuperar la frescura y la emoción que sintieron y terminan caminando por la vida sin saber que una relación apasionada y próspera con Dios debería ser la norma y no la excepción, para todos los seguidores de Cristo.

¿Le suena familiar? Tal vez en una época estuvo muy entusiasmado con Dios, y se sentía lleno de la vida de Él. Quizás una vez se sintió libre y disfrutaba de su relación con Dios. Pero ahora, si usted es honesto, sabe que otras cosas han acaparado su atención y que su corazón se ha endurecido a la alegría y la frescura que una vez sintió. O quizás está alejado de Dios y lucha con conductas adictivas u otros problemas. (Por cierto, ¿hay realmente alguien que no tenga problemas?)

> Tenemos un sentido innato de que servir y adorar a un Dios infinitamente poderoso no puede ser algo mundano.

¿Cómo es que podemos llegar a contentarnos con una vida espiritual mediocre? Es como si nuestra propia alma se hubiera vuelto sorda e insensible y necesitara ser devuelta por sorpresa a un estado de asombro. La buena noticia es que realmente tenemos el potencial para una perdurable y próspera relación con Dios. ¡Solo necesitamos un despertamiento!

Cuando rendí mi vida a Cristo, uno de los componentes más impactantes de esa experiencia fue el *despertamiento* a la presencia real de Dios. Todavía recuerdo la sensación. De repente, mi alma se despertó. En lo profundo, en una zona que ni siquiera sabía que existía, sentí emociones nuevas, y era algo tan vivo y lleno de alegría, emoción y libertad, todo al mismo tiempo. Este sentimiento era tan bueno, tan real, tan auténtico que no quería perderlo.

Desde mi despertamiento hace más de veinte años, he estado en una lucha constante por mantener ese estado de novedad y libertad en mi alma. Y hasta este día, nada hay tan importante para mí como mantener mi relación con Dios fresca y nueva.

Usted puede pensar que es una meta poco realista, y quizás no deseable. Después de todo, ¿no son los nuevos creyentes los que están llenos de emoción y entusiasmo? Con el tiempo tenemos que calmarnos y ser serios acerca de seguir a Dios, ¿verdad? Es posible que haya escuchado algo como esto unas cuantas veces: "¡Usted no se puede pasar la vida en la cumbre de una montaña!" o, "Si basa su caminar con Dios en los sentimientos, usted será una montaña rusa emocional".

Por el contrario, esta búsqueda del "primer amor" o frescura ha mantenido mi vida espiritual constante y próspera todos estos años. En cómo relacionarse con Dios y cómo obedecerle y confiar en Él, mi corazón se ha quedado en una postura de "querer" en lugar de "deber". Guardar el fuego de la devoción en mi corazón es la disciplina espiritual más fundamental de mi vida cristiana. Cuando ese fuego arde brillantemente, me encanta adorar, orar y obedecer a Dios. Oigo su voz con claridad, y mi vida cotidiana es un desborde de poder y gracia. Pero cuando ese fuego se debilita y se consume, encuentro que hasta los compromisos básicos se convierten en una carga, que trato de mantener con mis propias fuerzas.

Podemos tener ahora, diariamente, la misma conexión vital con Cristo que tuvimos el día en que nos salvó. "Por tanto, de la manera que habéis recibido al Señor Jesucristo, andad en él" (Colosenses

> Guardar el fuego de la devoción en mi corazón es la disciplina espiritual más fundamental de mi vida cristiana.

4 EL DESPERTAMIENTO

2:6). Cada uno de nosotros está llamado a ser "celoso de buenas obras" (Tito 2:14), y vamos a tener que luchar para "no falte el celo" y siempre "sirvan al Señor con el fervor que da el Espíritu" (Romanos 12: 11, NVI).

El mantenimiento de esta novedad y frescura con Dios es algo que literalmente tenemos que luchar para proteger. No nos equivoquemos al respecto: tenemos un enemigo muy real que solo quiere que nuestras almas se dejen arrullar hasta dormirse, mientras pensamos que todo está bien.

¿VIVIR EN LA CUMBRE DE UNA MONTAÑA?

Así que, ¿cómo experimentaremos continua novedad en un mundo donde todo envejece? ¿Cómo experimentar frescura donde todo se vuelve rápidamente obsoleto? ¡Tenemos que despertar!

El despertamiento a la presencia y el poder de Dios es tanto un evento "que ocurre de una sola vez" como una recurrente novedad que experimentamos a lo largo de nuestras vidas. Algunos podrían decir que este estado de novedad es una experiencia cumbre, que es bueno tener de vez en cuando, pero insostenible en la vida real. Pero si usted se queda conmigo, voy a demostrarle que no solo es posible vivir una vida plenamente despierta a Dios en todo momento, sino que el deseo y la voluntad de Dios es que lo haga.

Si no estamos viviendo de esa manera, no podemos culpar a nadie más que a nosotros mismos. Si no me cree, siga adelante, deje este libro y viva como usted quiera hacerlo. ¡Pero si quiere una constante experiencia cumbre, y si está listo para que su relación con Dios vaya al próximo nivel, siga leyendo y prepárese para un viaje increíble hacia su despertamiento personal!

> Despertar a la presencia y el poder de Dios es tanto un evento –que ocurre de una sola vez– como una recurrente novedad que experimentamos a lo largo de nuestras vidas.

Su vida entera *puede* ser verdaderamente un gran logro. Usted *puede* sentir constantemente a Dios en sus emociones y experimentar alegría, aun en las temporadas más difíciles de su vida. De eso es de lo que trata este libro: ¡Le prometo que su futuro inmediato puede convertirse en el mejor momento de su vida! Y esta experiencia con Dios puede ser sostenida año tras año.

✳ No permita que el dolor de este mundo lo reduzca a meramente esperar su oportunidad aquí en la tierra y esperar un mejor día en el cielo. Sí, esperamos un mejor día cuando todos estemos en el cielo con Jesús, pero hasta ese momento, vamos a vivir la vida como Dios se propuso que fuera vivida: ¡plenamente despiertos, llenos de vida y caminando en un *continuo* estado de frescura y novedad ante Dios!

Independientemente de dónde se encuentre hoy, usted puede vivir una vida de pasión por Dios. Recuerde, se espera que el cristianismo apasionado sea la norma y no la excepción. Los principios de despertar a Dios y vivir despierto un estilo de vida sostenible son los mismos principios que pueden ayudarlo a liberarse de las adicciones, los malos hábitos, o cualquier cosa que le esté impidiendo recibir lo mejor de Dios para su vida.

No estoy diciendo que cada día vaya a ser como el cielo en la tierra. No estoy diciendo que usted no tendrá días y temporadas que se sientan más secos que otros; he tenido mi parte de ellos. En mis más de dos décadas de caminar con Dios, he conocido lo que es sufrir, estar decepcionado y sentirse desalentado. Tampoco estoy diciendo que solo debamos vivir de acuerdo con nuestros sentimientos o que basemos nuestra relación con Dios únicamente en la experiencia.

Estoy diciendo que creo que la Biblia es clara acerca de esto: experimentar a Dios y los sentimientos van de la mano. El Espíritu Santo adentro de nosotros trae a la vida un nuevo conjunto de increíbles emociones. ¡Dios quiere que estemos continuamente apasionados por Él, y la pasión incluye sentimientos!

> Su vida entera puede ser realmente un gran logro.

En los capítulos siguientes y en el "Awakening 21-Day Plan" (Plan de El Despertamiento de 21 días), le mostraré cómo mantengo cosas frescas y vivas en mi relación con Dios. Usted también puede aplicar estos principios de renovación espiritual a su propia vida y experimentar lo mejor de Dios.

En este libro le contaré algo de mi historia, usted atravesará un proceso de tener su despertamiento personal o redespertar con Dios, y le mostraré cómo mantener día tras día y año tras año esa vital experiencia de despertamiento. Este libro trata de revolucionar totalmente su caminar con Dios para que usted pueda tener con Él la relación perdurable, emocionante, que ha soñado.

El despertamiento es una experiencia, pero debe basarse en el fundamento de la verdad y los principios bíblicos. No existe una fórmula para esto, pero creo que hay etapas de progresiva comprensión y decisiones que si se siguen llevan a casi todo el mundo a una conciencia espiritual y una relación con Dios mucho más profunda. En los capítulos que siguen voy a compartir lo que yo llamo los pasos del despertamiento. Ellos son:

- experimentar la entrega
- experimentar la pasión por Dios
- experimentar la bondad de Dios
- crear un espacio para que Dios lo llene

En un mundo donde estamos constantemente bombardeados por imágenes, sonidos y experiencias falsificadas que exigen nuestra atención y amenazan distraernos, podemos perder nuestra concentración espiritual y conformarnos con sustitutos baratos. Tenemos que descubrir la manera de mantenernos despiertos para Dios, para que podamos sentirlo, escucharlo y tener una visión clara para nuestras vidas.

Si usted ha perdido su amor, su pasión, su actitud de "quiero" en su relación con Dios, volvamos a ellos. Es el momento de hacer su contraataque, pulsar el botón de reiniciar` y experimentar a Dios de una manera increíblemente fresca, nueva.

¡Espere y prepárese para un despertamiento!

PARTE UNO

LA EXPERIENCIA DEL DESPERTAMIENTO

¿Está despierto?

EL CRISTIANISMO ES la única fe que nos invita a una relación personal con Dios. *El Dios del universo*. Y el apasionado celo espiritual es una de las más importantes y visibles características de tener esa relación personal. El apóstol Pablo dijo: "Nunca dejen de ser diligentes; antes bien, sirvan al Señor con el fervor que da el Espíritu" (Romanos 12:11, NVI).

Pero si la mayoría de nosotros somos sinceros, cuando se trata de cómo vemos nuestra relación con Dios, nuestra pregunta íntima sería: *¿Nunca dejo de ser diligente? ¿En serio? ¿Es posible eso?* Yo respondería inequívocamente: Sí, lo es. Si Dios nos ha ordenado que nunca dejemos de ser diligentes, también ha hecho una manera de que eso sea posible.

Independientemente del tiempo que hayamos seguido a Jesús, la novedad y el entusiasmo que experimentamos en Cristo cuando recién lo recibimos deberían seguir siendo evidentes en nuestra vida cotidiana. Si no lo estamos experimentando, debemos preguntarnos por qué. Pablo le dijo a su discípulo Timoteo "que avives el fuego del don espiritual que Dios te dio" (2 Timoteo 1:6, NTV). Cuando el fuego de Dios en nuestro corazón comienza a arder sin llama, hay que reconocer que una cualidad clave de nuestro caminar con Dios se ha perdido.

> El apasionado celo espiritual es una de las más importantes y visibles características de tener una relación personal con Dios.

EL DÍA EN QUE ME DESPERTÉ

Cuando comenzó mi viaje con Cristo, al igual que muchos nuevos creyentes, yo en realidad no sabía por dónde empezar a vivir para Dios. Sabía que era salvo, creía que mis pecados habían sido perdonados, y estaba seguro de estar en camino al cielo. Pero, ¿qué seguía? Yo aún no sabía que solamente había dado el primer paso.

Si realmente queremos conocer a Dios y experimentarlo, tenemos que ir más allá de la decisión inicial y llegar a un punto de total entrega. Después de recibir la salvación en Cristo, el primer paso para un verdadero despertamiento es darle todo a Él. Entregar su vida es algo más que confiar en Jesús como su Salvador para poder ser perdonado e ir al cielo. No es simplemente añadir a Dios a su vida. La verdadera entrega significa salir del asiento del piloto y dejar que Él tome el control. Significa darle toda la vida y descubrir la realidad del gozo, la paz, la libertad, los sentimientos y las experiencias que vienen con conocer verdaderamente a Dios. Solemos creer que es una decisión que se toma una sola vez, pero es una práctica que debemos realizar habitualmente para mantener el fervor espiritual.

Permítame explicárselo.

Cuando le entregué mi vida a Cristo, experimenté algo de paz interior. Me sentí mejor, porque sabía que era salvo, pero todavía no tenía la libertad que estaba buscando. Yo había tomado la decisión, pero no tenía ninguna pasión o poder para vivir para Dios.

> Solemos creer que es una decisión que se toma una sola vez, pero es una práctica que debemos realizar habitualmente.

En los días que siguieron quería leer la Biblia, y eso me ayudó, pero no entendía cómo aplicarla a mi vida cotidiana. Yo no sabía lo que era una relación personal con Jesús ni que Dios quería que yo viviera una vida de libertad y poder. Y ciertamente no sabía que podía experimentar a Dios en mis emociones.

Debido a todos estos factores, durante casi un año avancé y retrocedí en mi relación con Jesús. Yo amaba a Dios, y durante un tiempo quería hacer lo que haría un cristiano. Pero entonces venía la tentación y quería ceder. Luego volvía al carril con Dios...y de nuevo caía en la tentación... y volvía a vivir para Dios: usted capta la idea. Aunque realmente nunca volví al estilo de vida y a los patrones destructivos que tenía antes, era inconstante en mi recién descubierta fe. Fue frustrante, para decir lo mínimo.

Finalmente llegué a un punto de inflexión antes del verano entre mi segundo o tercer año de universidad. (¡En ese momento en mi vida estaba en el plan universitario de seis años!) Una noche, en una reunión de la Cruzada Estudiantil y Profesional para Cristo, de repente me di cuenta cuando el orador dijo: "Si nunca he caminado con Dios, tiene que caminar con Dios este verano". En ese instante, oí la voz del Espíritu Santo en mi corazón, diciendo: *Stovall, en realidad nunca has caminado conmigo. Nunca te has entregado verdaderamente a mí.* Yo sabía que esto significaba que aunque había aceptado a Jesús, nunca le había entregado por completo mi vida. Simplemente lo había añadido a mi vida para poder tener un alivio, una vida mejor y un boleto al cielo. Pero no le había dado realmente cada área hasta el punto de querer conocerlo a Él y su voluntad por encima de todo.

Lamentablemente, creo que es aquí donde están muchos cristianos hoy en día. Aunque han confiado en Cristo para recibir perdón y vida eterna, siguen viviendo la vida a su manera y en realidad no caminan con Dios. Un corazón verdaderamente rendido da un paso más y dice a todo: "Como tú quieras, Señor".

Es entonces cuando comenzamos a experimentar la alegría y la presencia de Dios al máximo. Cuando realmente estamos caminando con Dios todos los días, esa llega a ser la oración de nuestros corazones para seguir haciéndolo. En ese momento en aquella reunión del campus, las luces se encendieron para mí. Yo sabía que había oído la voz de Dios. Hasta ese momento Dios me había hablado a través de empujoncitos, tironeando de mi corazón, o por pensamientos inspirados por el Espíritu Santo. Pero esto... esto era diferente. Esta fue una voz que escuché muy adentro de mí, y que me hizo sentir un torrente de energía en mi mente y en mi corazón. Supe que si no obedecía a esa voz me perdería algo importante. Yo había estado tratando de saber desde hacía un año cómo era Dios realmente ¡y esta era mi oportunidad! Dios me estaba dando esta increíble oportunidad de conocerlo en un nivel mayor, por lo que me tomó alrededor de una milésima de segundo declarar en mi corazón: ¡Sí, Dios!

Me le entregué completamente en el acto. No más añadir a Dios a mi vida porque yo quería ir al cielo o porque sabía que servir a Dios era hacer lo correcto. No hay ir y venir con un pie en el mundo y el otro pie en el reino de Dios. Finalmente entendí que seguir a Jesús era todo o nada. Yo sabía que Dios me estaba diciendo: "Mira, Stovall, si quieres la vida que tengo para ti, ella comienza con tu entrega total. Si quieres todo de mí, necesito todo de ti".

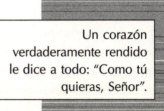

Un corazón verdaderamente rendido le dice a todo: "Como tú quieras, Señor".

En mi corazón, mientras respondía: ¡Sí, Dios! Yo sabía que eso significaba dejar atrás por completo todo lo que había conocido y que habría costos reales asociados a la decisión. Pero asi se tratase de relaciones, de popularidad, o lo que fuera, no me importaba. Yo estaba dispuesto a lanzarme a las profundidades. Si Jesús era real y verdadero, en realidad no había otra opción.

Todo fue diferente a partir de entonces.

Al dar ese paso de entrega total, fui lleno del Espíritu Santo, y desperté a la presencia de Dios, lo cual fue una de las experiencias más intensas de mi vida. Fue como si un gran reloj despertador hubiera sonado dentro de mí y mi alma se hubiera despertado. Las anteojeras se cayeron de mis ojos y empecé a ver toda mi vida a través de un filtro completamente diferente. Por fin he gustado cómo es y debe ser la vida verdadera, y pude decir que era pura y auténtica. No era solo algo de gran alcance, era personal. A través de la presencia del Espíritu Santo, Dios estaba viviendo dentro de mí, y realmente podía sentir a Dios de una forma concentrada, como su presencia quemante en mis emociones.

Para un tipo como yo, que había basado toda su vida en sentirse bien, esto era sencillamente increíble. Tenía una nueva energía y entusiasmo por participar en la adoración a Dios, que se convirtió en una expresión externa del amor y la gratitud que interiormente sentía por Él.

La Palabra de Dios también se me hizo mucho más significativa.

Hasta ese momento, la Biblia no hubiera sido gran cosa para mí. En realidad, me dormía cuando trataba de leerla. Pero ahora los puntos se conectaban y lo capté. Y cuando lo hice, la Palabra comenzó a cambiar mi vida. Me satisfizo y fortaleció de tal manera que energizó todo mi ser, y me encontré con hambre de más.

Eso es exactamente lo que pasa cuando te despiertas a Dios y "pruebas y ves" que Él es bueno (Salmo 34:8, NVI). A semejanza de nuestro apetito natural de alimentos, este hambre sobrenatural de Dios se despierta dentro de ti y te lleva a perseguirlo.

Por fin había encontrado lo que estaba buscando y nunca volví atrás.

EL DESPERTAMIENTO ES PARA TODOS

Han pasado más de veinte años desde que por primera vez desperté a una verdadera relación personal con Dios, emocionante, fresca y creciente. Mi amistad con Él ha cambiado y se profundizó con el tiempo, pero ha sido este estilo de vida de perseguir la novedad de ese "primer amor" lo que ha mantenido mi vida espiritual constante y próspera. He "[peleado] la buena batalla de la fe" para preservar mi pasión espiritual y experimentar la presencia de Dios todos los días (1 Timoteo 6:12).

Colosenses 2:6 dice: "Por tanto, de la manera que habéis recibido al Señor Jesucristo, andad en él". No creo que la gente tenga excusas legítimas para no experimentar hoy la misma pasión espiritual del día en que se enamoró de Jesús. Simplemente no hay sustituto para una próspera, alegre, emocionante vida con Dios. ¿Por qué iría a desear menos? Quiero que mi caminar con Dios se mantenga fresco, y quiero disfrutar de mi relación con Jesús, y he descubierto que Dios quiere eso aún más que yo.

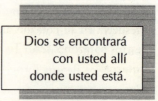

Dios se encontrará con usted allí donde usted está.

Tal vez usted está leyendo esto y se da cuenta de que nunca le ha rendido totalmente su vida a Dios. O tal vez lo hizo en un momento y tenía un fuego que ardía en su corazón, pero con el tiempo su corazón se ha vuelto tibio o duro, y ha perdido su pasión por Dios. Tal vez usted ama a Dios, pero las cosas de este mundo lo han estancado y siente la necesidad de volver a entregarle su vida a Él.

¿ESTÁ DESPIERTO? 13

Cualquiera que sea el caso, tengo palabras de aliento para usted: Dios se encontrará con usted allí donde usted está. Cualquier despertar espiritual comienza siempre con una nueva entrega a Dios. Y con nuestra entrega, Dios nos vuelve a llenar con su presencia a través del poder del Espíritu Santo. Efesios 5:18 nos dice: "Sed llenos del Espíritu". Esa palabra *llenos* significa estar siempre lleno, no solo ser llenado una vez. Cuando experimentamos estancamiento en nuestra relación con Dios por la razón que sea, volver a entregarnos es el primer paso para reavivar el fuego interior.

Santiago 4:10 dice: "Humíllense delante del Señor, y él los exaltará" (NVI). Hay todo un nuevo mundo esperándolo, pero debe despertarse. Usted puede tomar espiritualmente el fuego y avanzar en su destino con Dios. Esa es realmente la única manera de vivir como creyente. Pero para llegar allí, usted debe ir por todo. Esto significa entregarse totalmente. ¡No hay medias tintas! Cuando usted experimente realmente la presencia de Dios y la satisfacción de estar en su intimidad, y cuando crea que Él quiere que lo experimente cada día, usted *peleará* para mantener su fervor espiritual.

Este puede y será su mejor año, si es espiritualmente su mejor año.

Aunque le haya dado su vida a Dios, aunque lo conozca desde hace mucho tiempo, lo insto a aprovechar esta oportunidad para rendirse de nuevo a Él. Pídale a Dios que le muestre cualquier área de su vida que no le haya dado por completo y entréguesela hoy.

Usted puede orar en sus propias palabras o usar la siguiente oración como un lineamiento, pero la clave es asegurarse de que este asunto se resuelva en su corazón antes de seguir adelante. Que el clamor de nuestros corazones sea: "Tu voluntad, no la mía, Señor. Que sea como tú quieras".

Querido Jesús, gracias por tu amor, tu perdón y tu bondad para con mi vida. Señor, me humillo ante ti, y pongo toda mi confianza y esperanza en lo que eres. Quiero experimentar todo lo que tienes para mí. Te entrego toda mi vida. Dios, lléname con el Espíritu Santo. Hágase tu voluntad en mi corazón, y que mi vida te glorifique. En el nombre de Jesús, amén.

Pasión y autenticidad

LA PASIÓN ES la esencia de una experiencia de despertamiento. La pasión en mi relación con Dios es la evidencia del auténtico afecto por Él. Desde este lugar de pasión es desde donde disfruto de obedecer a Dios y siento que más lo glorifico. Dios nos creó para que nos apasionemos por lo que amamos; por consiguiente ¡siempre deberíamos estar apasionados con Él!

En mi juventud practiqué deportes y actividades atléticas. Algunos de mis primeros recuerdos son los juegos de fútbol de la universidad estatal de Lousiana (LSU) a los que asistíamos con mi papá. Me sentía totalmente fascinado por la cultura de los fans, si usted nunca la experimentó, créame, es una cultura en sí misma. Recuerdo haber percibido aquella increíble energía en la atmósfera. Literalmente podía sentir la pasión, la devoción y el compromiso de aquellos ochenta mil fanáticos. Hombre, ¡aquello era contagioso!

Hace poco busqué en el diccionario la definición de fan. Significa simplemente: "admirador, seguidor de alguien, entusiasta de algo". Esto me hizo pensar en todas las veces en que a través de los Evangelios Jesús dice: "Síganme". También pensé en cómo dice la Biblia que debemos ser entusiastas en nuestra relación con Dios, por ejemplo: "Amarás al Señor tu Dios con todo tu corazón, y con toda tu alma, y con todas tus fuerzas, y con toda tu mente" (Lucas 10:27). ¡Eso es entusiasmo! De hecho, la palabra *entusiasmo* viene de dos palabras, *en* y *theos*, que significa: "en Dios". Cuando usted está en Dios, es

> La pasión en mi relación con Dios es la evidencia del auténtico afecto por Él.

muy activo al respecto. La relación con Dios va de la mano con la pasión.

En los tiempos de Jesús, no se utilizaba el término fan. Si usted era seguidor de una persona o un movimiento, simplemente lo llamaba *seguidor*. Pero creo que cuando Jesús dijo: "Síganme", quiso decir que quería verdaderos fans o seguidores entusiastas. Creo que los creyentes de hoy pueden hacerse una muy buena idea de cómo es un seguidor de Jesús al observar las características fervorosas de los fans del deporte.

Hay una verdad innegable respecto de los auténticos fans: *son apasionados*. Le basta con observar cualquier juego de fútbol americano profesional o universitario, o la Copa Mundial de Fútbol. Cuando las cámaras enfocan a la multitud, usted puede ver la pasión. Los fans tienen pompones. Visten los colores del equipo. Se pintan de guerra los rostros. Gritan. ¡Hasta están cantando! Actúan sin inhibiciones. Usted puede ser fan de uno o más equipos deportivos y asistir a los juegos. Sabe cómo es el estadio: ¡ruidoso! El lugar se sacude por la pasión, porque los verdaderos fans son apasionados por su equipo.

Como apasionados seguidores de Dios, un servicio de la iglesia debería reflejar parte del mismo entusiasmo. Por supuesto que todos tenemos diferentes personalidades y estilos, pero cuando la gente entra a la casa del Dios viviente, ¡debería poder sentir y ver el entusiasmo de todos sus fans! ¡Estamos allí para celebrar al Dios del universo que nos ama! La gente debería poder *sentir* la presencia de Dios que vivifica y que tiene poder para fortalecerla, refrescarla y renovarla. La atmósfera debería sentirse auténtica (¡no rara ni amedrentadora!), electrizante, con una contagiosa pasión por Él.

Ser emotivo respecto a Dios no se aparta ni está desconectado de la buena doctrina; más bien está afirmado en la buena doctrina. La doctrina es muy importante porque nos asegura que estamos cimentados en la verdad.

> Ser emotivo respecto a Dios no se aparta ni está desconectado de la buena doctrina; está afirmado en la buena doctrina.

La Palabra de Dios es nuestra autoridad suprema, y la enseñanza de la iglesia debe reflejar la gloria, la grandeza y la bondad de Dios. Pero al mismo tiempo, la prédica y la enseñanza que están enraizadas en la sana doctrina y glorifican a Dios producirán apasionados seguidores de Cristo. La enseñanza basada en la Biblia incluirá la experiencia y el sentimiento, tanto como el conocimiento y el entendimiento.

PASIÓN EN LA ADORACIÓN

Esta es otra verdad sobre los fans: los auténticos fans se apasionan por los himnos de sus equipos. Personalmente, lo experimenté muchas veces en el fútbol estudiantil. A los verdaderos fans les gusta esto; les encanta alentar y cantar a su equipo. Apenas oyen las primeras notas saltan y se ponen a cantar apasionadamente. ¡Los verdaderos fans ni siquiera necesitan estar en un juego! Pueden estar haciendo compras o manejando, pero si oyen la melodía de alguno de estos himnos, instintivamente quieren cantar su letra a grito pelado y se emocionan por su equipo.

Bueno, ¿sabe qué? En la iglesia, tenemos nuestra propia clase de himnos de equipo, se llaman alabanzas. Cuando vamos a la casa de Dios y escuchamos la alabanza y la adoración, es como si Jesús entrara al campo de juego. Cuando estamos apasionados por Dios no lo podemos evitar, instantáneamente nos embarga la alabanza como si cantáramos la canción de nuestro equipo. Nos entusiasma encontrarnos con el Dios viviente en nuestra adoración, porque la Biblia dice que Dios habita en las alabanzas de su pueblo (Salmos 22:3). ¿Y cuánto más debemos involucrarnos con Dios? Antes de ser un Bulldog, un Tiger, un Gator, un Yankee, un Raider, o un Cowboy, ¡somos seguidores de nuestro Salvador resucitado!

Para que nuestra adoración sea auténtica, debemos estar apasionados por Dios. La adoración es un instintivo subproducto de nuestros pensamientos y sentimientos acerca de Él. En mi niñez, cuando iba a los juegos de fútbol americano, nadie tuvo que enseñarme cómo alentar al equipo diciendo: "Stovall, déjame que te enseñe esto: está bien batir las palmas cuando el equipo hace una buena jugada y está bien que grites o te entusiasmes. Y esto quizá te sorprenda, ¡pero puedes levantar las manos si tu equipo apunta un tanto!".

Hoy puedo asegurarle que en cualquier partido de fútbol americano, fútbol, básquetbol, o béisbol, los verdaderos fans estarán levantando las manos, batiendo palmas y saltando. Chocarán los cinco entre ellos. ¿Por qué? Porque los verdaderos fans expresan una pasión genuina y auténtica por su equipo. De la misma manera, los verdaderos seguidores de Cristo expresarán pasión genuina y auténtica por Él. Pero recuerde: "Dios es Espíritu; y los que le adoran, en espíritu y en verdad es necesario que adoren" (Juan 4:24). Eso significa que lo que en verdad le importa a Dios no es la manifestación externa de aplausos ni el movimiento de brazos. Él quiere devoción sincera en nuestros corazones.

LA PASIÓN EXPRESA EMOCIÓN

Dios nos creó para que nos apasionemos por lo que amamos. Si amamos algo (o a alguien) no podemos mantenernos callados. Expresamos fácilmente nuestros sentimientos y emociones. Nuestras acciones demuestran que nuestra relación y afecto hacia esa persona, cosa, equipo o pasatiempo son auténticos. Jamás he conocido una persona que no se emocionara al menos algo por lo que la apasiona. Es una característica básica de la naturaleza humana.

El mismo principio se aplica a cómo nos relacionamos con Dios. Él nos creó a su imagen con emociones para que podamos sentir y expresar su amor en nuestros corazones, almas y fuerzas, no solo nuestras mentes. Nuestras almas y fuerzas hablan específicamente de nuestras emociones y cuerpo físico. *La pasión espiritual genuina viene de nuestros corazones, pero se manifiesta en nuestras emociones y estilo de vida.* Cuando experimentamos un despertar con Jesús y el Espíritu Santo vive dentro de nosotros, ¡no hay manera de que usted no exprese pasión por Quien lo ama!

Quizás usted quiera decir: "Stovall, eso es demasiado emotivo para mí".

Mi respuesta es: le aseguro que si usted se apasiona por algo, también se emocionará por ello. La pasión implica emoción.

> Dios nos creó para que nos apasionemos por lo que amamos.

Sé que la emoción se expresa de diferentes maneras por diferentes tipos de personas. Pero lo que quiero señalar es que el verdadero seguidor de Cristo es entusiasta (¡no raro ni detestable!). *El entusiasmo es una parte clave de nuestro testimonio hacia los demás.* Es la evidencia de que nuestra relación con Jesús es auténtica. Es una de las principales razones por las que Jesús envió al Espíritu Santo y de que el primero de los nueve frutos del Espíritu es el amor (Gálatas 5:22). El amor se siente en nuestras emociones y es una fuerza provocadora. Cuando estamos llenos del amor de Cristo, cuando "el amor de Cristo nos constriñe" (2 Corintios 5:14), somos llevados a expresar emocionalmente gratitud y afecto hacia Dios.

Si usted sigue adelante con la lista, verá que los siguientes dos frutos del Espíritu son "gozo" y "paz" (Gálatas 5:22). Una vez más, esas son actitudes y estados que pueden sentirse y experimentarse.

Dios nos muestra muy claramente a lo largo de su Palabra que deberíamos experimentar ciertos sentimientos como parte de nuestra fe. La Biblia dice que "el reino de Dios es… justicia, paz y gozo" (Romanos 14:17). El reino de Dios es todo lugar donde el gobierno y reinado de Jesucristo sea establecido. Así que cuando usted rinde su vida a Cristo, su gobierno y su reinado cubren su vida "a todos los que creen en él se les declara justos a los ojos de Dios" (Romanos 10:4, NTV); y la paz y el gozo nos son indispensables para ser declarados justos a los ojos de Dios.

Por esto es que la Biblia no solo dice que "sirvamos al Señor" sino que también lo hagamos "con alegría" (Salmos 100:2). Se nos manda no solo a dar sino a ser un "dador alegre" (2 Corintios 9:7). La Biblia no dice solo que oremos, sino que oremos fervientemente (Santiago 5:16). Dice: "el gozo de Jehová es vuestra fuerza" (Nehemías 8:10), y "Bienaventurado el pueblo cuyo Dios es Jehová" (Salmos 144:15).

¿Entiende lo que digo? Estas son actitudes como las de Cristo que están impregnadas de sentimientos. Están entrelazadas con nuestra fe. Cuando nuestros sentimientos no se alinean con lo que la Palabra de Dios dice que deberíamos sentir, debemos preguntarnos por qué. Él igual nos sigue amando y se relaciona con nosotros con bondad y misericordia, pero quiere que sintamos constantemente su paz, gozo y alegría en nuestras emociones. De esa manera podemos disfrutar nuestras vidas y glorificarlo a Él, y además tendremos fuerza para servirle.

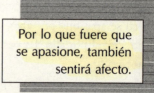

Por lo que fuere que se apasione, también sentirá afecto.

¿Por qué la gente no querría sentir y experimentar más de Dios en su vida cotidiana? Creo que sí quiere, pero no espera que esto suceda todos los días porque cree que tales sentimientos y encuentros con Dios solo suceden de vez en cuando.

Ya sea en el matrimonio, la familia, los deportes o los pasatiempos, la pasión es evidencia de su autenticidad. En el amor hay un fuerte componente de fidelidad y compromiso que va más allá de los sentimientos, pero el verdadero amor —ése que todos anhelamos recibir y que practicamos cuando damos lo mejor de nosotros— viene con sentimientos. Y nuestro amor por Dios no es muy diferente.

Cuando los otros ven que nuestra pasión por Dios es auténtica, les impacta de manera especial y somos de testimonio. ¿Se da cuenta de que la evidencia de la pasión por Dios en nuestras vidas realmente puede encaminar personas a Jesús? Si usted se apasiona por los deportes o por sus pasatiempos, eso es maravilloso, pero asegurémonos de que nuestra pasión por Jesús sea más fuerte que cualquier otra pasión de nuestras vidas; porque la pasión por Dios es lo que marca la diferencia en el progreso del Reino celestial. Cuando usted se apasione por Jesús —en otras palabras, cuando es un verdadero fan, un seguidor entusiasta— siempre ganará. En realidad, ¡dará una paliza cada vez!

Repasemos los pasos claves que vimos hasta ahora en el proceso del despertamiento:

- experimentar la rendición
- experimentar pasión por Dios

Después de lo expuesto en este capítulo, espero que haya podido ver que la pasión es una parte significativa de nuestra relación con Dios. Él quiere que vivamos constantemente apasionados por Dios. En este libro le mostraré cómo hacer que el fuego de Dios se mantenga ardiendo en su corazón sin extinguirse. En esto consiste el estilo de vida de despertamiento. Si usted aún sigue luchando para entender cómo hacer que esto sea real en su vida, pídale a Dios que lo ayude. Recuerde, Él está más interesado que usted mismo en ello.

> Cuando nuestros sentimientos no se alinean con lo que la Palabra de Dios dice que deberíamos sentir, debemos preguntarnos por qué.

Historia de un despertamiento

A lo largo de este libro le mostraré historias de gente que ha experimentado una mayor intimidad con Dios y que ha recibido su gracia y poder por medio de un despertamiento.

Cómo llenar un agujero con la forma de Dios en mi corazón

Yo crecí en una iglesia tradicional en la que el poder del Espíritu Santo no parecía vivo ni activo. La vida de la iglesia era a lo sumo promedio, y la idea de vivir una vida cristiana parecía algo aburrido. Me aparté de Dios durante unos diez años, mientras iba al colegio y a la universidad, sin embargo, siempre lo conservé en mi bolsillo trasero por si acaso me encontraba desesperado o necesitaba ayuda. Me alejé de Dios cuando buscaba realizarme persiguiendo las cosas equivocadas: mujeres, objetos materiales y una idea errónea del éxito.

A los veintitantos, conocí la Iglesia Celebration por unos amigos. La música, la atmósfera y el poder de la alabanza en aquella celebración eran diferentes a todo lo que había experimentado de niño. Pero lo más importante es que me vi rodeado de cristianos que vivían su vida de acuerdo al verdadero modelo de Cristo. Estas personas eran diferentes. Eran apasionadas. Jesucristo no era tan solo una figura para ellos; estaba vivo. Cristo era un amigo.

A los pocos meses de mi primera visita a la Iglesia Celebration, toqué fondo y me di cuenta de que la insatisfacción que había en mi vida era un agujero con la forma de Dios en mi corazón, y me determiné a dejar que lo llenara.

En enero de 2008, toda la Iglesia Celebration realizó un ayuno y oración de veintiún días. No participé personalmente en los veintiún días *enteros* de ayuno de ese año, pero debo decir que el ímpetu espiritual que la iglesia logró con aquel ayuno rebalsó sobre mí. Reconocí por primera vez que *así* era como debía ser la relación con Dios: apasionada.

Di el paso de rendirme totalmente a Cristo. Desde ese momento, Dios derramó toda su gracia y amor sobre mí. Despertar a Él fue exactamente lo que mi vida necesitaba. Por fin me sentía libre y con el poder para llevar adelante el plan maestro de Dios para mi vida como un apasionado seguidor Cristo. Estoy seguro de quién soy en Cristo, y Él ha cambiado totalmente mi enfoque: ya no me ocupo tanto de mí mismo sino de los demás.

Desde entonces, contraje matrimonio y mi relación con mi esposa también está cimentada en estas verdades. El amor de Dios obra activamente no solo en mí sino también a través de mí. Ahora sirvo en la iglesia, con frecuencia realizo viajes misioneros, y me encanta dar de mi tiempo para servir a otros. Es maravilloso e increíblemente reconfortante saber que soy parte del avance del Reino.

— JONATHAN BAJALIA

4

Redescubra la gracia

LAS DISCIPLINAS ESPIRITUALES como el ayuno, la oración, el estudio de la Palabra de Dios, son componentes clave del estilo de vida de despiertamiento. Ellas pueden alimentar nuestra pasión por Dios, y en los siguientes capítulos las descubriremos de manera renovada. Pero para disfrutar de estos beneficios a largo plazo primero debemos asegurarnos de tener una visión correcta sobre ellas. La lectura de la Biblia, el ayuno, la oración, y de hecho todos los métodos que nos acercan más a Dios deben ser mirados a través del filtro de la bondad y la grandeza de Dios.

En nuestra cultura moderna, y a veces incluso en círculos cristianos, la palabra *gracia* ha perdido su poder y se ha transformado en un lugar común. Utilizamos esta palabra para todo. Damos gracia, decimos gracia y llamamos Gracia a nuestras bebitas. Decimos que las personas tienen gracia. Tenemos periodos de gracia en los pagos de nuestras tarjetas de crédito. Gracia. Gracia. Gracia.

La gracia también se asocia comúnmente con palabras tales como *bueno*, *misericordioso* o *amoroso*, pero es algo mucho más poderoso que eso. La gracia es el fundamento mismo de nuestro caminar con Dios. Esto puede parecerle un poco básico, pero créame, es crucial que volvamos a visitar la obra fundacional de la gracia.

> Todos los métodos que nos acercan más a Dios deben ser mirados a través del filtro de la bondad y la grandeza divinas.

Me gusta expresarlo de este modo: "La gracia de Dios es la obra práctica de la bondad de Dios en la vida del creyente". ¿Cómo cambia esto la forma en que usted se relaciona con Dios? La verdad es que, aun cuando entendemos la libertad que trae la gracia, tenemos tendencia a relacionarnos con Dios sobre la base de nuestra evaluación de nosotros mismos. Pero Dios quiere que nuestra relación con Él se base en cómo Él nos ve, y Él nos ve a través de la obra completa de su Hijo. Cuando confiamos y descansamos en la obra completa de Cristo, caminamos en gracia.

Consideremos algunos ejemplos:

COLOQUEMOS UN FUNDAMENTO APROPIADO

Dos de los mayores enemigos de nuestra fe son la condenación y la falta de entendimiento de la Palabra de Dios. Ya sea que no conozcamos la Palabra de Dios o que verdaderamente no la entendamos. Como resultado de ello, no reconocemos quiénes somos en Cristo. Dios dice: "Mi pueblo fue destruido, porque le faltó conocimiento" (Oseas 4:6). Si no tenemos el conocimiento apropiado sobre el poder de la gracia, tendremos serias dificultades para poder alcanzar nuestro potencial como seguidores maduros de Jesús.

Además, está la condenación. Esto puede sorprenderlo, ¿pero sabe que si ama a Dios y quiere agradarle, usted será un gran blanco para la condenación? Esto sucede porque aunque queremos agradar a Dios, somos humanos y nunca podremos obedecerlo perfectamente siempre en todas las áreas de nuestra vida. Tenemos debilidades y a veces sucumbimos a la tentación. Cometemos errores, o pecamos, y entonces el enemigo nos acusa y nos sentimos condenados. *Si usted no está firmemente arraigado en el entendimiento de la gracia y el Nuevo Pacto, la culpa y la vergüenza le quitarán el gozo —y por consiguiente la fortaleza— en su relación con Dios.*

> Si no tenemos el conocimiento apropiado sobre el poder de la gracia, tendremos serias dificultades para poder alcanzar nuestro potencial como seguidores maduros de Jesús.

Cuando se trata del tiempo devocional, el ayuno y la oración, resulta fácil caer en una mentalidad legalista. Podemos comenzar a pensar que agradamos más a Dios si nos sacrificamos y somos disciplinados, cuando la verdad es que no hay sacrificio posible que pueda elevarnos lo suficiente como para satisfacer los estándares de nuestro santo Dios. Solo Jesús pudo satisfacer esos estándares.

En un tiempo concentrado en la oración y el ayuno, percibimos o experimentamos el placer, el poder y la presencia de Dios en un nivel superior. Es porque hemos tomado el tiempo y hecho el esfuerzo de acercarnos más a Él. Somos más sensibles espiritualmente, así que sentimos más a Dios. Podemos oír su voz más claramente porque apagamos en nuestras vidas algunos de los ruidos cotidianos. De esta manera, el poder y la presencia de Dios están continuamente disponibles para nosotros. Gracias a la sangre de Jesús, Dios siempre se complace en nosotros. Él nos habla constantemente. Si no estamos disfrutando la plenitud de los beneficios de esta relación, es porque nosotros no estamos en sintonía con Él.

Si tenemos una visión poco clara del Nuevo Pacto de la gracia podemos llegar a caer en formas de pensar erradas, y eso tiende a ocurrir si tenemos problemas para conectarnos con el contenido del Antiguo y el Nuevo Testamento. Por supuesto que ambos Testamentos son la inerrante Palabra de Dios, pero el Antiguo Testamento contiene el Antiguo Pacto, la Ley. El Nuevo Testamento contiene en Nuevo Pacto de la gracia, que vino por medio de Jesús. Ahora vivimos bajo el Nuevo Pacto, así que cuando miramos al Antiguo Pacto de la Ley, debemos asegurarnos de que lo estamos viendo a través del filtro de la gracia. Algunas personas creen que cuando Dios transmitió la Ley por medio de Moisés, su principal propósito fue mostrarnos la santa naturaleza divina. Esto no es verdad. Si bien la Ley refleja algunos de los atributos morales del carácter de Dios, Él es infinitamente más amoroso y más santo que la Ley. Si queremos ver la naturaleza de Dios, debemos mirar a Jesús (Juan 14:9).

> El principal propósito de la Ley no fue mostrar la naturaleza santa de Dios. Si queremos ver la naturaleza de Dios, debemos mirar a Jesús.

El propósito de la Ley fue mantener a Israel "vigilado por la ley"

(Gálatas 3:23, NTV) para que no se destruyera a sí mismo como lo hicieron muchas sociedades y culturas sin ley de su época. La Ley también fue dada para revelar la naturaleza caída del hombre, para ayudarnos a reconocer cuán desesperadamente necesitamos un Salvador.

Dado que Dios es amoroso y justo, y que nosotros no lo somos, es evidente que nunca seríamos capaces de lograr por nuestros propios medios una relación satisfactoria con Él. Sin importar cuánto lo intentemos en nuestras propias fuerzas, por causa de nuestra naturaleza pecaminosa nadie podría cumplir perfectamente los requisitos de la Ley y lograr llegar a Dios. Siempre defraudaríamos su glorioso estándar (Romanos 3:23, NTV)[1].

Otro propósito de la Ley fue mostrarnos que el pecado destruye a las personas y que debe ser castigado. Si Dios no castigara el pecado, no sería moralmente coherente y justo. El pecado lo estropea todo para la gente. Por lo tanto, Dios quiere erradicar el pecado y sus efectos, así como un doctor buscaría erradicar una infección como la neumonía con antibióticos. Dios es un Creador benevolente y la eterna armonía del universo depende de su gobierno con justicia.

Dios debía mostrarnos que el pecado tiene consecuencias y que nosotros siempre erraríamos al blanco. ¡Dios utilizó la Ley para mostrarnos que necesitábamos ayuda! Para que pudiéramos tener una relación perdurable y segura con Dios y escapar al juicio eterno por nuestros pecados, tenía que haber una solución. Y debía ser una solución permanente.

La respuesta es la gracia encontrada mediante el Nuevo Pacto. Dios estableció un camino por medio de Jesucristo. Observemos la principal cláusula del Nuevo Pacto en Hebreos 8:10–12:

> Por lo cual, este es el pacto que haré con la casa de Israel. Después de aquellos días, dice el Señor: Pondré mis leyes en la mente de ellos, y sobre su corazón las escribiré; y seré a ellos por Dios, y ellos me serán a mí por pueblo; y ninguno enseñará a su prójimo, ni ninguno a su hermano, diciendo: Conoce al Señor; porque todos me conocerán, desde el menor hasta el mayor de ellos. Porque seré propicio a sus injusticias, y nunca más me acordaré de sus pecados y de sus iniquidades.

---

1 "Pues todos hemos pecado; nadie puede alcanzar la meta gloriosa establecida por Dios."

¡Guau! Eso es maravilloso.

En este pasaje Dios describió el Nuevo Pacto que haría con los creyentes. El Nuevo Pacto consistía en crear una manera de que pudiéramos tener una relación personal con Dios basada solamente en su bondad. El plan era que tuviéramos una relación en la cual pudiéramos ser declarados justos, no sobre la base de nuestro comportamiento sino sobe la base del amor de Dios por nosotros. Una relación en la que Dios nos ve perfectos, no por lo que hacemos o dejamos de hacer, sino por su bondad por medio de Cristo. Su plan fue tratar con el pecado que nos separaba de Él, de una vez y para siempre. Dios hizo esto al *perdonar* nuestros pecados. No pretendió que no existen, ni les guiñó el ojo ni les dio un pase libre, porque Él nos ama. Si se limitara a hacer la vista gorda ante nuestro pecado y lo dejara pasar, no sería Dios. Recuerde, el pecado ofende a Dios y Él es perfectamente justo. Lo que Dios hizo fue mucho más eficaz que darnos algo sin costo ni esfuerzo. Él trajo a memoria todos nuestros pecados de una vez. ¿Cómo lo hizo?

Dios está en la eternidad. Él mira el tiempo desde un punto de vista superior. Identificó cada pecado que usted y yo, y todas las personas que han vivido o vivirán cometeremos desde el momento del nacimiento hasta la muerte. Dios trajo todos estos pecados a memoria. Ejecutó toda su ira, todo su castigo, todo su desagrado, toda su decepción, todo su juicio, y toda su condenación por estos pecados sobre su propio Hijo. Solo alguien tan justo y tan santo como Jesús podía pararse en la brecha por nosotros, y Él lo hizo obedientemente.

La Biblia dice que cuando Jesús vino a la tierra, Él cumplió el Antiguo Pacto de la Ley y obedeció a Dios perfectamente en cada intención, pensamiento y acción (1 Pedro 2:22). Él cumplió todos los requisitos que nosotros jamás podríamos cumplir. Vivió una vida completamente inocente, no mereció castigo alguno

> "Nuestro viejo hombre fue crucificado juntamente con él, para que el cuerpo del pecado sea destruido, a fin de que no sirvamos más al pecado."

y ciertamente no mereció la muerte, sin embargo, escogió ofrecer su vida en sacrificio por nuestros pecados, y pagó la deuda que nosotros jamás podríamos pagar.

El pecado y sus efectos fueron completamente erradicados por medio de la sangre de Cristo. Es por esto que la Biblia dice que ahora Dios ya no se acuerda más de nuestros pecados (Hebreos 8:12). Desaparecieron: fueron erradicados para siempre por la obra de Cristo (Romanos 6:6). Todos sus pecados pasados, presentes y futuros han sido totalmente perdonados, ¡abolidos para siempre!

Por esto es que la Biblia dice: "Como él es, así somos nosotros en este mundo" (1 Juan 4:17). Piense en la relación entre Dios Padre y Jesús. ¿El Padre está disgustado con Jesús por algo? ¡No! ¿Jesús tiene el poder y el favor de Dios? ¡Absolutamente, sí! Y, por consiguiente, usted y yo también. Porque así como Él es, somos nosotros. Efesios 2:6 dice que estamos sentados en los lugares celestiales en Cristo Jesús. Él nos salvó completamente hasta lo sumo (Hebreos 7:25), y estamos allí en Cristo. Caso cerrado. ¡Esas sí que son buenas noticias!

La gracia es el inmerecido favor de Dios. La gracia es la forma en que Dios lo hace libre de culpa y cargo para que usted sea quien Él lo llamó a ser. La gracia es el entendimiento de que todo lo que tenemos en Cristo está basado por completo en la bondad de Dios y en su amor por nosotros. Podría seguir y seguir

> Evangelio significa "buenas nuevas". Dios está enamorado de usted y verdaderamente es tan bueno: mucho más de lo que usted se podría imaginar. La totalidad de su relación con Dios y el poder que viene con ella solo puede ser experimentado si usted cree y descansa en la bondad de Dios.

así. Podría pasearme por Romanos, Hebreos, Efesios y básicamente todo el Nuevo Testamento, y mostrarle que toda su relación con Dios y el poder que viene con ella solo puede ser experimentado si usted cree y descansa en la bondad de Dios. Deje de concentrarse en sus fallas y concéntrese en la bondad de Dios.

LA TRAMPA DEL RENDIMIENTO

El problema es que nos cuesta creer que la gracia sea verdadera. Y por supuesto, el rey de los mentirosos "Satanás" ¡trabaja sin descanso para convencernos de que *Dios* es el que no nos está diciendo la verdad! Muchos creyentes de hoy siguen teniendo lo que yo llamo una relación con Dios basada en la Ley o en el Antiguo Pacto. Su relación con Él se basa en las reglas o es legalista. Esta clase de relación viene de un sistema que básicamente dice: "Si yo hago el bien, si hoy tengo un buen rendimiento, Dios estará complacido conmigo. Dios va a quererme, y Dios va a bendecirme. Y si no tengo hoy un buen rendimiento, Dios no me va a querer, no me va a bendecir y no estará complacido conmigo". ¡Ese razonamiento está tan lejos de la verdad! Pero como ésta es la forma en que opera el mundo en que vivimos, resulta muy fácil creer esa mentira.

¿Puede ver cómo esta forma de pensar lleva a un sistema de creencias basado en el rendimiento, que no es muy diferente de la Ley? Debido a nuestra naturaleza humana, jamás alcanzaremos un cien por ciento en todo, todo el tiempo. *Cuando nos relacionamos con Dios sobre la base de nuestro rendimiento, estamos obrando sin darnos cuenta en contra del necesario sacrificio de Jesús.* Jesús murió para darnos libertad, y para vivir en ella debemos concentrarnos plenamente en la bondad de Dios.

Sin embargo, demasiadas personas vienen a la iglesia y en vez de encontrarse con Dios y con su verdad, se encuentran con la religión y las reglas. Chocan con un sistema que dice: "Debes comportarte mejor –o si no...". En vez de aceptar a las personas por ser quienes son y estar donde están, y permitir que la bondad y la gracia de Dios las transformen de adentro hacia afuera, muchas iglesias ponen el énfasis en la conformidad y la transformación de afuera hacia adentro. Eso es porque a las personas legalistas no les gusta mucho la enseñanza sobre la bondad de Dios. De hecho, creen que demasiada enseñanza sobre la bondad de Dios alentará a la gente a pecar más. Yo sostengo que será justo lo opuesto. Enseñar sobre la bondad de Dios hará que la gente quiera pecar menos porque "su benignidad te guía al arrepentimiento" (Romanos 2:4). El poder de la gracia viene a nosotros cuando tenemos una revelación de la bondad de Dios, y sin la gracia no podemos vencer al pecado (Romanos 6:14). La Biblia dice que "Nosotros le amamos a él, porque él nos amó primero" (1 Juan 4:19). La manera en que amamos más a Dios es concentrarnos en su amor por nosotros. Usted podrá vivir con más santidad si se concentra en la bondad de Dios que si se concentra en todas las cosas que "debe" o "no debe" hacer.

Esto también tiene una correlación directa con nuestros sentimientos, que surgen de lo que sea en lo que nos concentremos. Por eso es tan importante concentrarnos en la bondad de Dios por medio de su Palabra. Pensar correctamente nos lleva a sentir correctamente, y para poder pensar bien debemos renovar nuestras mentes en la Palabra de Dios.

> Demasiadas personas vienen a la iglesia y en vez de encontrarse con Dios y con su verdad, se encuentran con la religión y las reglas.

Cuando entendemos quiénes somos en Cristo, experimentamos su paz, gozo y alegría. Pero, si nos concentramos en nuestras fallas obtendremos el resultado opuesto, y terminaremos sintiéndonos condenados. Dios no nos ama menos, pero no experimentaremos lo mejor de Él.

Cuando recién me convertí en cristiano, caminaba completamente en una relación de gracia con Dios, porque sabía que no había absolutamente nada que pudiera hacer para ganarme la salvación. Tenía conciencia de cuán completamente pecadora había sido mi vida. Estaba haciendo tanto mal y mi estilo de vida estaba tan alejado de Dios que cuando recibí a Jesús, ¡supe sin sombra de duda que todo eso era por la bondad de Dios y nada era por mí mismo!

¡Dios perdonó todos mis pecados y me infundió entusiasmo! Estaba lleno de vida y caminaba en fe: era maravilloso. Por supuesto que cometí errores y no estuve a la altura de algunas de las circunstancias por causa de mi ignorancia. Pero me había equivocado tanto en mis primeros veinte años de vida, que supe que si Dios me perdonaba todos aquellos pecados, podría perdonarme los nuevos. Mis errores no tenían ningún poder condenatorio, porque sabía que Dios me había salvado, no por mi propio desempeño, sino por su bondad.

¡Dios quiere que sigamos así toda nuestra vida cristiana! Colosenses

2:6 dice: "Por tanto, de la manera que habéis recibido al Señor Jesucristo, andad en él". Usted recibió a Jesús no por los méritos de su propio esfuerzo, sino por gracia. Su andar con Dios debería seguir siendo el mismo, todos los días de su vida.

Cuando recién comenzaba a caminar con Dios, me relacioné por completo con Él a través del filtro de la gracia. No conocía otra forma. En algún momento, muy pronto sin embargo, me conecté con un grupo de gente que era… bueno, la única manera de describirlo es que era muy estricto y se apartaba de los demás creyentes en términos de la disciplina de su estilo de vida. Ellos comenzaron a desafiarme y a cuestionar mi iglesia y a insinuar que yo tenía una menor revelación de la santidad de Dios. El principal ministerio de estas personas parecía ser reprender, juzgar y predicar el juicio y su propia versión de la santidad. Ellos creían que casi todo el Cuerpo de Cristo estaba recayendo y que para complacer a Dios debía aceptar su visión y unirme a su doctrina separatista.

> Mucha gente cree que si las personas se concentran en la bondad de Dios esto los alentará a pecar más. Yo sostengo que sería exactamente lo opuesto.

Como un flamante creyente que era, todo esto resultaba muy atractivo para mí porque realmente quería complacer a Dios. No supe hasta mucho tiempo después que estos muchachos no eran más santos, solo eran duros. La dureza no es santidad, pero es fácil confundirlas, y eso fue exactamente lo que yo hice.

Mirando hacia atrás, diría que este grupo no era una secta o culto; solo eran legalistas y no se basaban en el amor ni en la bondad de Dios. Pronto, mi relación con Dios, que había comenzado llena de vida e inocencia, se convirtió en esta forma de vida impulsada en el esfuerzo personal y el legalismo. Trataba de complacer a Dios cada día, pero mi desempeño no era bueno, y realmente creía que Él no estaba satisfecho conmigo.

Traté de anotar un cierto número de horas diarias de oración y lectura de la Biblia. De hecho, solía orar de cinco a siete de la mañana cinco días a la semana porque había escuchado que un famoso predicador decía que a menos que alguien ore dos horas al día, Dios probablemente lo pasaría por alto y no lo usaría. También pasaba cierto tiempo por semana ayunando y testificando. Me convertí en un experto en legalismo.

Todo esto llegó a un punto de gravedad tal que si alguno de mis amigos trataba de hablarme antes de que terminara mis dos horas de oración, simplemente lo miraba, levantaba mi reloj y se lo mostraba, mientras seguía orando en su propia cara. ¡Oh, sí, era un psicópata!

> La dureza no es santidad, pero es fácil confundirlas.

¿Por qué practiqué semejante estilo de vida legalista a ultranza? Porque deseaba tanto complacer a Dios, pero como no estaba apropiadamente fundamentado en su gracia, caí en esta trampa.

En esa etapa de mi vida, era extremadamente consciente del pecado y me esforzaba en tratar de hacer lo correcto. Pero fue probablemente la época más infructuosa de todo mi ministerio. Mi habilidad para compartir a Cristo eficazmente con otros era muy débil, y probablemente demostré ser menos parecido a Cristo que nunca en mi vida. Todo surgía de un sincero deseo de complacer a Dios, pero el legalismo solo puede producir una de dos cosas en su vida, y ninguna de las dos es buena.

Primero, si usted tiene un buen rendimiento ¿adivine a qué lo conducirá? Al *orgullo*. Por otro lado, si usted no rinde lo suficiente, el fruto es la *condenación*. En cualquier caso, el fruto de tener una relación basada en el rendimiento personal resultará en una situación perdedora. Si tratamos de acercarnos a Dios basándonos en nuestro propio rendimiento, ¿adivine qué? Nunca será lo suficientemente bueno. Ninguno de nosotros podría ser tan bueno; solo Jesús pudo lograrlo. ¿Puede ver lo que estoy diciendo? Es por eso que debemos concentrarnos en el amor que Dios tiene por nosotros.

COMIENCE SU DÍA CON LA MENTALIDAD ADECUADA

Tener los pensamientos adecuados requiere intencionalidad. Tenemos que estar conscientes de que cada día al levantarnos nuestro instinto natural, humano tenderá a gravitar hacia todo lo que pensamos que está mal en nuestras vidas. Así que tenemos que poner de nuestra voluntad para concentrarnos en la perspectiva correcta antes de comenzar a movernos en pos de un nuevo día.

Quisiera compartirle cómo lo hago. Ya llevo algún tiempo practicando esto en mis devocionales diarios y ha cambiado la forma en que veo cada día. Lo hago no solo cuando las cosas andan bien, sino también en los días difíciles.

Cada día cuando dirijo mi atención hacia Dios en forma concentrada, lo primero que hago es asegurarme de dirigir mi atención a la bondad, la grandeza y la gloria de Dios. Concentrarme diariamente en estos tres atributos de Dios me da un cuadro o filtro completo de su gracia. Mi modelo para esto es el primer versículo de la Oración del Señor en Mateo 6:9. También he notado que casi todas las oraciones del apóstol Pablo por las iglesias del Nuevo Testamento siguen el mismo patrón.

La Oración del Señor comienza con: "Padre nuestro". Usted debe recordarse a sí mismo que es un hijo de Dios y que sus pecados fueron perdonados (Juan 1:12; 1 Juan 2:2). Debe saber que irá al cielo y tendrá vida eterna por medio de Jesús (Romanos 5:21). Debe saber que tiene el favor de Dios y que Dios está de su lado (Romanos 8:31). Necesita recordar cada día que su verdadero hogar no es aquí en la tierra sino en el cielo (1 Juan 2:17). Su vida en la tierra es temporaria, pero su vida con su Padre celestial es eterna (Colosenses 3:1–3). Déle gracias a Dios por quién Él es y por lo que ha hecho por usted.

Pero esto no termina allí. Usted podría estar pensando: *Bueno, todo eso está muy bien, Stovall, sé que Dios me ama, y que está de mi lado, pero eso no hace que mis desafíos cotidianos desaparezcan. Sigo enfrentando las mismas dificultades.* Tiene usted toda la razón. Por eso es que luego de concentrarnos en la bondad de Dios, debemos concentrarnos en su *grandeza*.

Las siguientes palabras de la Oración del Señor son: "que estás en los cielos". El cielo habla de la grandeza de Dios y la grandeza de su poder entre todos los que creen en Él. Debemos recordar que Dios está en el trono, y con Él "todas las cosas son posibles" (Marcos 10:27). Jesús tiene toda la autoridad (Mateo 28:18), y como hijo de Dios, todo el poder del cielo está a su disposición. El mismo poder que levantó a Jesús de entre los muertos vive en usted (Romanos 8:11). Con Jesús dentro suyo, ¡usted puede enfrentar cualquier cosa! Tenga fe en que Él moverá montañas si tan solo usted cree (Mateo 17:20). Así que crea en Dios para lo sobrenatural y sepa que Él hará que todas las cosas operen de acuerdo con la voluntad divina (Romanos 8:28). Lleve todas sus preocupaciones, problemas, pruebas y dolor al Señor y crea que Él hará grandes cosas (1 Pedro 5:7). Créalo en su corazón: "Todo lo puedo en Cristo que me fortalece" (Filipenses 4:13).

Recuerde, Dios dice que Él nos da paz y gozo si creemos, no si logramos las cosas. No importa qué le esté sucediendo, confíe en Dios y podrá experimentar su gozo y su paz. Nos los da cuando confiamos en Él. La mayoría de la gente cree que la única alegría es cuando la oración es respondida o cuando sus circunstancias cambian. No es cierto: es cada día, a medida que caminamos con Dios. ¡Eso es despertamiento!

Lo último en lo que nos concentramos es la gloria de Dios: "Santificado sea tu nombre". Esto nos ayuda a recordar que esta vida no trata solo de nosotros. Santificado significa "exaltado" o "alzado"; en otras palabras: "Sea glorificado el nombre de Dios". Nuestras vidas en esta tierra son apenas una pizca de polvo en el gran cuadro de la eternidad. Son como un vapor. Aunque tantas veces nos concentramos en nuestra propia comodidad y preferencias, esas cosas en realidad no harán ninguna diferencia en el gran cuadro. Mantener una perspectiva de la eternidad nos ayuda a recordar que si debemos atravesar alguna dificultad que preferiríamos evitar, igual podemos disfrutar de nuestra relación con Dios.

Mi prioridad número uno cada día es vivir para la gloria de Dios sin importar lo que encuentre en mi camino. Elijo estar contento con lo que Dios tiene para mí en cada tiempo y lo glorifico sin importar cuáles sean mis preferencias personales (Filipenses 4:12).

Cuando usted se levanta en la mañana, su prioridad número uno debería ser establecer una mentalidad correcta para enfrentar su día. Concéntrese primero en los atributos de Dios y vea todo a través de ese

> No se trata de lo que usted hace. Se trata de lo que Dios es.

filtro. Recuerde, no se trata de lo que usted puede hacer. Se trata de lo que Dios es.

La única manera de que usted pueda disfrutar constantemente de su relación con Dios, la única manera de que pueda tener esta increíble vida llena de paz y gozo, no será porque obedezca a Dios perfectamente, sino porque verdaderamente cree y se concentra en cuánto lo ama Dios. Cuando usted camina con Dios y se concentra en el amor que Él le tiene, eso se llama andar en la gracia de Dios.

Obtengamos una mentalidad correcta para no convertirnos en personas orgullosas o condenadas.

Cuando nos encendemos por Dios y experimentamos nuestro despertar, nuestra pasión por Dios debe ser constante y coherente, y lo único constante es la gracia de Dios que encontramos en Jesús y en su amor por nosotros.

Aquí es donde nos encontramos en nuestro camino hacia un despertamiento:

- al experimentar la rendición
- al experimentar pasión por Dios
- al experimentar la bondad de Dios

La mejor noticia que podríamos recibir es que Dios se relaciona con nosotros sobre la base de la obra completa de Cristo. Eso marca la diferencia. Esa es la constante en nuestro estilo de vida de despertar. Esas son buenas noticias que podemos celebrar ¡todos los días!

Historia de un despertamiento

Un gran avance hacia la libertad

Antes de que comenzara el ayuno del despertamiento, me encontré pensando demasiado en qué era el verdadero ayuno. Busqué entre las diferentes opciones, preocupado por sabotear los planes de Dios si no lo hacía correctamente. Aunque quería desesperadamente algo nuevo en mi relación con Dios, la misma confusión y temor que me habían perjudicado durante tanto tiempo dominaron mis intentos de encontrar una respuesta.

Me di cuenta de que estaba perdido tratando de racionalizar el proceso del ayuno, y finalmente dejé de pensar en estas cosas y comencé a buscar a Dios en oración y procurar su guía sobre lo que debía hacer. Él me guió a la respuesta, que fue comenzar a poner por escrito las razones que me llevaban a ayunar. Sabía que mis razones no eran solo acercarme más a Dios, sino romper el hielo y quebrantar mi corazón en el proceso. También sabía que necesitaba reconocer una dependencia más profunda de Él.

Entonces sentí que Dios me guiaba a que hiciera el ayuno, comprometiéndome con Él en oración cada día y preguntándole al Espíritu Santo qué debía comer en cada comida. Luché con esta instrucción, dado que estoy demasiado consciente de que todo esto podría haber estado cargado de un potencial autoengaño y podría haber estado mucho más cómodo haciendo un ayuno convencional y normal. No obstante, comencé mi ayuno de esta manera, creyendo que si lo hacía de corazón, no me equivocaría.

A través de este proceso de soltar, descubrí la bondad de Dios de una manera tan eficaz. Aprendí a reconocer su voz y a distinguirla y a confiar en que ella me guiaría. Este ayuno también comenzó a cortar la fuente de mi retorcida visión de Dios y de mí mismo, una visión que estaba fundamentada en una religión legalista, hecha por el hombre.

A lo largo del ayuno, me acerqué tanto a Dios y vi cuán bueno es Él y cuánta buena voluntad tiene realmente hacia mí. Él cortó de raíz todo lo que me frenaba y no me dejaba avanzar, y por fin pude disfrutar la libertad de vivir dependiendo completamente de Él.

Ese proceso diario de devoción ha continuado mucho más de aquellos veintiún días. Se ha convertido en una parte esencial de mi vida, y por medio de él ocurrieron cambios maravillosos. Ahora peso sesenta libras menos y le cuento el porqué a todo el que quiera escucharme. Lo que ven en el exterior es solo un reflejo de algo mucho más grande que sucedió en mi interior.

El cambio exterior me ha abierto muchas puertas para compartir los cambios que sucedieron en mi interior y que hacen que todo sea posible. ¡Dios es tan formidable, es lo máximo!

— KELLY WAGONER

Dios lo llena, no lo fuerza

L OS PRINCIPIOS QUE hemos desempacado hasta ahora crean el escenario para algunas cosas increíbles que sucederán en su vida. Como ha leído, espero que su fe haya aumentado con cada verdad y que esté reconociendo cuán apasionante y satisfactoria puede ser su relación diaria con Dios.

Ahora que tenemos el fundamento adecuado y establecimos la mentalidad correcta, estamos listos para descubrir (o redescubrir) los conceptos de devoción personal, oración y ayuno. Esto comienza al reconocer que en la vida, cuando queremos que suceda algo nuevo y apasionante, debemos crearle un espacio.

Piense, por ejemplo, en la espera del primer hijo. Una de las cosas más emocionantes para los futuros padres es crear en su casa espacio para el cuarto del bebé. Se celebra a las futuras mamás con fiestas y regalos para el bebé por nacer, y ellas disfrutan eligiendo y decorando con los colores, diseños y muebles perfectos. Los impacientes papás, especialmente los que esperan un varón, se esforzarán muchísimo por encontrar toda la parafernalia que represente a su equipo favorito y luego escogerán en la habitación el sitio perfecto para exhibirla.

Si bien todo ese proceso es divertido y emocionante, no es la nueva habitación lo que más los entusiasma. Es mayor la anticipación y alegría que tenemos respecto al bebé que llenará esa habitación. El objetivo de *crear* un espacio es para *llenarlo*, y debido a esto es que ese espacio cobra un significado especial.

Quisiera que considere esta idea desde una perspectiva espiritual. Piense en un área de su vida en la que usted quiere que Dios haga algo nuevo. O quizás usted esté esperando recibir de Él fortaleza y guía para cierto problema que está enfrentando. Sabe que la naturaleza de Dios es crear cosas nuevas y que Él tiene las respuestas que usted necesita para superar los desafíos de la vida. Pero permítame preguntarle: ¿ha creado en su vida el espacio para que Dios lo llene? Aunque Dios realmente quiere algo maravilloso para su vida, lo que Él hace es llenar, no forzar.

Aquí le va otra analogía deportiva para ilustrar mi punto: Cuando un equipo de fútbol tiene un atleta talentoso en su alineación, los entrenadores diseñarán jugadas especiales para ese jugador. Por ejemplo, el atleta puede ser tan talentoso que el entrenador no necesitará decirle: "Ve a ese hueco" o "Hazlo de esta manera". Este muchacho es tan bueno que instintivamente verá el hueco. El resto del equipo simplemente tiene que crear un espacio donde el jugador pueda hacer que algo suceda. Estas son jugadas que producen espacio. El entrenador sabe que con solo lograr que el jugador llegue a ese espacio abierto, será posible hacer una gran jugada.

Algo similar sucede en nuestra relación con Dios. Demasiado a menudo pasamos mucho tiempo y ocupamos mucha energía tratando de entender o anticipar cada escenario posible. Queremos que Dios haga esto o lo otro. Pero mientras tanto, Dios está diciendo: "Crea espacio para mí, y yo lo llenaré".

Dios es tan amoroso...misericordioso...poderoso. Sus caminos son "más altos que los nuestros" (Isaías 55:9). Él sabe lo que realmente necesitamos. Solo tenemos que crear el espacio.

> Cuando queremos que algo suceda, debemos crearle espacio.

TRES SITUACIONES QUE CREAN ESPACIO

Jesús nos mostró tres maneras de crear en nuestras vidas espacio para que Dios lo llene. Cuando habló de cada uno de ellos, les dio un nombre. Esto es lo que dijo:

> Mas cuando tú des limosna, no sepa tu izquierda lo que hace tu derecha, para que sea tu limosna en secreto; y tu Padre que ve en lo secreto te recompensará en público. Mas tú, cuando ores, entra en tu aposento, y cerrada la puerta,

ora a tu Padre que está en secreto; y tu Padre que ve en lo secreto te recompensará en público. Pero tú, cuando ayunes, unge tu cabeza y lava tu rostro, para no mostrar a los hombres que ayunas, sino a tu Padre que está en secreto; y tu Padre que ve en lo secreto te recompensará en público (Mateo 6:3-4, 6, 17-18).

Fíjese que Jesús primero habló de dar, luego de orar y por último de ayunar. No dijo "si" usted hace estas cosas. Dijo "cuando" las hace. Él supuso que, como hijos suyos, nosotros querríamos crear en nuestras vidas espacios para que Él los llene con sus recompensas.

Observe que Él se refirió a cada espacio creado como un lugar[1] "*secreto*". La palabra *secreto* en griego en realidad significa: "cubierto, escondido, apartado". Y el *lugar* no se refiere a un lugar cualquiera. En realidad se refiere al lugar más alto o superior. Estas son las mismas palabras que se usan para describir el "aposento alto". Es un lugar alto, cubierto, especial, donde usted y Dios se encuentran.

Encuentro esto muy interesante: cuando Dios quería llenar a los creyentes con el Espíritu Santo, la más maravillosa de todas las llenuras, no les pidió que pensaran en todo y se imaginaran cómo iría a suceder. Tampoco los forzó a nada. Él les reveló lo que había guardado para ellos y les pidió que estuviesen listos, pero luego les pidió que crearan un espacio donde esto pudiera suceder (Hechos 1:4).

Lo mismo sucede con nosotros espiritualmente. Mientras anticipamos el poder y la bendición que Dios dará a nuestras vidas, debemos tener la intención de crear un espacio para que esto suceda —cuando damos, cuando oramos, y cuando ayunamos. Cuando creemos estos espacios, tendremos una experiencia del tipo de la del aposento alto. No trate de saberlo todo. Simplemente cree espacio para Dios.

Recuerde, Dios lo llena, no lo fuerza.

---

1 **Lugar secreto:** El autor utiliza esta expresión que emplean algunas Biblias en inglés, como la *New King James Version*, en los siguientes versículos de Mateo[6]: "[6] But you, when you pray, go into your room, and when you have shut your door, pray to your Father who *is* in the **secret** *place;* and your Father who sees in secret will reward you openly. ...[17] But you, when you fast, anoint your head and wash your face, [18] so that you do not appear to men to be fasting, but to your Father who *is* in the **secret** *place;* and your Father who sees in secret will reward you openly" (negritas añadidas).

CUANDO DA

Cuando usted le da a Dios, crea un espacio para que Él se mueva en sus finanzas. Parte del propósito del diezmo es dar a Dios espacio para que arregle su situación financiera. Si usted le da a Dios el 10 por ciento de sus ingresos, habrá creado un espacio de 10 por ciento en su cartera financiera. Usted puede pensar: *Bueno, eso no es mucho*. Pero cuando Dios llena, también multiplica. ¿Recuerda la historia del muchacho que tenía dos peces y cinco panes? Jesús multiplicó lo que él le había dado ¡y alimentó a cinco mil familias! Incluso les sobró (Juan 6: 1-14). Cuando usted le da a Dios y crea un espacio, Él hace mucho más.

> No trate de saberlo todo. Simplemente cree espacio para Dios.

También hay ocasiones en que Dios le puede pedir una ofrenda especial, o un diezmo mayor. Cuando lo hace, lo está invitando a que usted cree un espacio especial. No trate de entenderlo. Recuerde: Los caminos de Dios son más altos que los nuestros. Usted bendecirá a otros ¡y muchos serán testigo de un milagro económico!

Si usted quiere experimentar un mover de Dios en sus finanzas, cree el espacio. Recuerde, Dios lo llena, no lo fuerza. Usted hace lo que puede, ¡y Dios se mostrará en maneras que lo sorprenderán!

CUANDO ORA

Una mañana durante el más reciente ayuno de veintiún días, estaba en mi habitación en mi tiempo devocional personal. Mi hijo de diez años, Stovie, también estaba en su habitación, haciendo su devocional de despertamiento para niños de ese día. De repente, Stovie entró en mi habitación y dijo: "¡Papá, papá! Estaba haciendo mi devocional en mi habitación como estás haciendo tú ahora y llegué a la parte de oración y comencé a orar a Dios". Apenas le salían las palabras, hablaba tan rápido: "De repente, adentro de mí, sentí un calor y, como un fuego, desde muy adentro de mí. Papá, ¿ése es Dios? ¿Ése es Dios, papá?".

Puede imaginarse qué clase de "momento de padre-hijo" fue ese para mí. Podía verlo escrito en su rostro. Había tenido una experiencia de la presencia tangible de Dios. Estaba disfrutando de un despertamiento.

"Sí, es Dios, Stovie", dije. "Dios siempre está allí, adentro de ti, incluso cuando no lo sientes. Pero como ahora buscas a Dios en tu tiempo devocional personal y en oración, has creado un espacio para que Él lo llene. Y estás comenzando a sentir la evidencia de su presencia adentro de ti. Eso es lo que sucede cuando creas un espacio para Dios".

La carita de Stovie se iluminó y estuvo entusiasmado el resto del día. Su confianza creció enormemente, y transmitía entusiasmo.

Efesios 3:20 dice: "Y a Aquel que es poderoso para hacer todas las cosas mucho más abundantemente de lo que pedimos o entendemos...". Más abundantemente de lo que *entendemos* necesitar, Dios *sabe* lo que necesitamos. Él sabe exactamente lo que nos fortalecerá y nos alentará. Nosotros simplemente debemos crear el espacio para que Él lo llene. Eso es lo que hace la oración.

CUANDO AYUNA

El ayuno es otra forma de hacer espacio para que Dios lo llene. He estado ayunando regularmente por más de veinte años, y cada vez que lo hago, experimento a Dios de una manera intensa, a menudo sorprendente.

Durante el Despertamiento 2010 en nuestra iglesia, Dios me habló de extender mi ayuno de veintiún días a cuarenta. Yo tenía cuarenta años, y me pareció que el año 2010 sería significativo para mí. Así que planee mi ayuno y comencé a hacerlo con el resto de nuestra iglesia.

A la mitad de los cuarenta días volé a Dallas, Texas, para hacerme un examen físico en la clínica Cooper. Había concertado la cita meses atrás y cuando llegó el momento, en verdad no quería la distracción de este viaje. Estaba disfrutando mucho con mi ayuno y todas las cosas maravillosas que le estaban sucediendo a la gente de la iglesia. Casi pospuse el viaje, pero el Espíritu Santo me dijo: *Stovall, no lo postergues.*

A regañadientes, obedecí. ¡Buena elección! Durante mi examen físico, los doctores descubrieron que yo tenía un defecto cardíaco congénito llamado válvula bicúspide y, como consecuencia de ello, mi aorta estaba tan agrandada que ponía en riesgo mi vida. El cardiólogo recomendó cirugía inmediata.

En dos semanas, más o menos para cuando mi ayuno de cuarenta días debía estar acabando, me dirigí a la Clínica Mayo, en Minnesota, para la operación. Creo que no fue coincidencia que toda esta situación con el corazón me sucediera durante una época de ayuno y oración. Dios necesitaba llenar mi vida con una necesaria sanidad física. Los detalles de todo el proceso fueron una reacción en cadena de pequeños milagros. Cuando repaso todos los eventos de aquellas dos semanas, veo la mano de Dios obrando repetidamente.

Primero, fue un milagro que a mis "saludables" cuarenta años me sintiera inclinado a volar a través del país (en un tiempo en que estaba muy ocupado) para hacerme un examen físico que incluía ecografías del corazón que no eran parte de un chequeo común. Yo jamás había tenido problemas de salud y siempre tuve un buen estado físico. Incluso me había hecho un chequeo del corazón la primavera anterior, luego de sentir alguna incomodidad por un tirón en un músculo de la caja torácica mientras practicaba ski acuático. Cuando fui al hospital, no encontraron nada. Luego fui a ver a mi doctor y él tampoco encontró nada. Él quería hacerme más exámenes, pero yo estaba tan ocupado que nunca volví a ocuparme de ello. La disfunción de mi corazón había pasado toda mi vida sin ser detectada. Fue un milagro que se la descubriera.

Segundo, tener una raíz aórtica agrandada significa que durante muchos años estuve en peligro de que se reventara. El doctor me dijo que había dos cosas que uno no debería querer hacer siendo joven y con esta afección física porque elevan muchísimo el riesgo: jugar deportes de contacto como fútbol y levantar pesas.

Cuando oí eso dije: "¿Lo dice en serio? ¡Esas son las dos cosas que he hecho casi toda mi vida!". Jugué fútbol durante diez años y levanto pesas desde hace mucho. Encima, mi vida alocada y fiestera en los años de universidad también había elevado el riesgo de ruptura.

El doctor dijo: "Stovall, es como si usted hubiera estado transitando una autopista abarrotada de autos toda su vida, sin prestar verdadera atención. Es un milagro que no haya chocado. Usted es una bomba de tiempo".

La verdad es que la mano de Dios me había protegido toda mi vida, aún cuando yo estaba huyendo de Él. Es un milagro que nada me haya sucedido. Como dice Proverbios 2:8: "[El Señor] preserva el camino de sus santos".

Tercero, es un milagro lo rápido que me pudieron contactar con un equipo de médicos y cirujanos que se especializaban en ese tipo de cirugía. Normalmente, uno no llega al médico al que yo llegué en la Clínica Mayo sin una larga espera.

Estoy tan agradecido a Dios por todo lo que hizo, y por su favor y su protección en toda esta situación. Mientras escribo este capítulo, estoy a cuatro semanas de haber sido operado y me sorprenden la gracia y el poder que Dios mostró en esta prueba. Todos estos milagros fueron un derramamiento en el espacio hecho en mi vida por medio del ayuno. Hice espacio y me concentré en la voz de Dios, y Él llenó mi espacio vacío en una manera mayor de la que jamás hubiera podido pedir o imaginar.

> Dios me había protegido toda mi vida, aun cuando yo estaba huyendo de Él.

OÍR LA VOZ DE DIOS

Como se podrá imaginar, luego de la cirugía estaba muy dolorido y físicamente incómodo. Tenía que atravesar un proceso de sanidad y recuperación. No hace falta decir que tenía mucho tiempo para pensar y contemplar diferentes áreas de mi vida. Aunque no quisiera volver a pasar nunca más por algo como esto, no cambiaría por nada del mundo el tiempo que pasé con Dios en esa soledad. No había teléfonos celulares, ni presiones, ni multitudes. Algunas noches, especialmente en la unidad de terapia intensiva, solo estábamos Dios y yo.

Me di cuenta durante ese tiempo de que aunque soy una persona disciplinada en mi tiempo con Dios, había dejado que demasiadas voces y distracciones se apoderaran de mi tiempo con Él. No me había ocupado de ese lugar de soledad donde realmente pudiera prestar atención a la voz de Dios y oírlo solo a Él. Cuando estábamos los dos solos en la habitación del hospital, hombre, ¡qué clara era la voz de Dios!

Fue entonces que oí a Dios decirme tan claramente: *Stovall, enseña a mi pueblo a que me busque. Ellos tienen que oír mi voz.*

Siento que los primeros diez años de mi ministerio en la Iglesia Celebration fueron de vivir con Jesús a toda máquina. Corría con tanta rapidez y empeño. Mi relación con Dios era sensacional, pero la iglesia creció tan rápidamente que yo tuve que echarme a correr para mantenerme a tono. Supongo que está bien ir a toda máquina, siempre y cuando se hagan paradas regulares para estar a solas con Dios. Pero es muy fácil dejar que las otras voces, los negocios y las presiones del ministerio desplacen la voz de Dios.

Hasta Jesús tuvo que crear un espacio para que su Padre lo llenara. Él solía irse a un lugar desierto donde pudiera orar y escuchar la voz de su Padre (Lucas 4:42). Nosotros necesitamos hacer lo mismo, porque hay muchas experiencias intensas e íntimas que sólo podremos disfrutar en un "lugar desierto".

> Aunque soy disciplinado en pasar tiempo con Dios, había dejado que demasiadas voces y distracciones se apoderaran de mi tiempo con Él.

Tanto Moisés como Juan el Bautista estaban en el desierto cuando oyeron la voz de Dios. No digo que usted deba tomar un machete y ponerse a hacerse camino en el desierto ni que viaje a ningún lugar desértico, pero ya sea en su auto, en su habitación, o donde sea, *quédese a solas con Dios* para poder escuchar la voz de su Padre celestial.

Para escuchar a Dios no se necesita mucho tiempo, pero tampoco se lo puede apurar. No hace falta que ore y clame a Dios durante dos horas cada día de la semana para escuchar su voz. Leer la Biblia no significa que deban ser cuatro capítulos por día. Creo que muchas veces hacemos esto mucho más complicado de lo que realmente es. Lo que usted sí necesita es apartar un tiempo, un tiempo para nadie más que usted y Dios, y debe defender ese tiempo. Escoja un lugar que le sirva para este fin en el que verdaderamente pueda estar a solas con Dios y despegarse de las distracciones habituales. Vaya preparado para escucharlo a Él, con cosas como su Biblia, una lapicera, un marcador fluorescente, y un anotador común. Tenga también a mano un CD de alabanza o su iPod.

En el Plan de El Despertamiento de 21 días entro en más detalles sobre esto y le comparto algunas de las cosas que hago para que mi tiempo con Dios siga siendo nuevo, como pan fresco, pero también simple y sostenible. Le mostraré cómo hacer de la lectura de la Biblia, de su devocional y oración personal y del ayuno, una parte de su estilo de vida habitual. No tiene que ser muy complicado. Solo debe averiguar qué es lo que le da resultado a usted y crear espacio para Dios.

Cuando usted cree espacio ya sea dando, orando o ayunando, no hay duda alguna en mi mente de que Dios le responderá y llenará ese espacio de una manera poderosa. Pero la clave es mantener la intención de guardar esos espacios abiertos todo el año. ¿Cuán diferente sería su vida si usted tomara un día a la semana para ayunar y crear espacio para Dios? ¿Y qué sucedería si usted se comprometiera a priorizar el dar sistemáticamente? ¿Qué ocurriría si usted leyera la Palabra de Dios y orara regularmente? Creamos espacio para Dios al buscarlo. En eso consiste el despertamiento: en crear espacio para Dios.

Lo desafío a que cree intencionalmente espacio. Recuerde: Dios lo llena, no lo fuerza. Él no va a entrar a empujones en su vida, su familia, su carrera o sus finanzas. Pero cuando usted cree el espacio, Él lo llenará de una manera nueva y efectiva.

En resumen, estos son los cuatro pasos fundamentales para un despertamiento:
- experimentar la rendición
- experimentar pasión por Dios
- experimentar la bondad de Dios
- crear espacio para que Dios lo llene

Nuestro problema es que en realidad subestimamos el hecho de que Dios quiere ayudarnos. Él es el Dios de lo imposible. ¡Démosle lugar para que haga lo suyo!

Historia de un despertamiento

Cree espacio para Dios y Él proveerá

Durante un periodo en que quería acercarme más a Dios, sentí que Él me guiaba a ser obediente en el área del diezmo. Mi esposo y yo habíamos estado dando a la iglesia, pero en forma algo inconstante. Estábamos recién casados y nos habíamos mudado a una nueva ciudad donde mi esposo aceptó una nueva oferta de trabajo. Él había estudiado contabilidad, pero este nuevo empleo era en ventas, un campo muy diferente y menos predecible financieramente que su carrera anterior.

Le hice saber a mi esposo que sentía verdaderamente que Dios quería que diezmáramos el 10 por ciento de nuestro ingreso bruto. Pero como él recién comenzaba en un trabajo nuevo, y ya que en el fondo era un contador disciplinado, el 10 por ciento de nuestro ingreso bruto le pareció un gran salto desde donde estábamos. Comenzamos dando un poquito más que antes, y seguí orando para que pudiéramos comenzar a diezmar el 10 por ciento completo. No me aparté de lo que Dios me animaba a hacer en mi corazón, pero tampoco quería forzar a mi esposo. Sabía que era Dios quien tenía que darle la convicción.

Nos unimos al ayuno del despertamiento, y una de las cosas en las que me comprometí con Dios en oración fue a que tanto mi esposo como yo nos alinearíamos en su perfecta voluntad en todas las áreas de nuestras vidas. Algunas semanas después, mi esposo me dijo que Dios había movido su corazón no solo a diezmar sobre nuestro ingreso bruto, sino a ir más lejos y dar todavía más del diezmo para la campaña de edificación. ¡Quedé anonadada!

Apenas dimos ese salto de fe, todo cambió para nosotros. Nos habíamos mudado a esta nueva y pequeña ciudad con muy pocas reservas, pero casi inmediatamente después que comenzamos a diezmar, las cosas cambiaron. Dios comenzó a bendecir tanto a mi esposo en su nuevo empleo que, en un corto periodo, pasó de ser uno de los empleados más nuevos e inexpertos de su equipo a ser sistemáticamente el representante de ventas mejor catalogado de la compañía en todo el país.

Fuimos obedientes a lo que Dios nos pedía que hiciéramos, ¡y Él nos ha bendecido mucho más de lo que jamás hubiéramos imaginado!

— T. Logero

PARTE DOS

El estilo de vida del despertamiento

6

Desempaque los secretos de la oración

¿ALGUNA VEZ HA estado cerca de alguien que ora con fervor? Me refiero a alguien que sea verdaderamente una persona de oración. Alguien que pueda sacudir las puertas del cielo. A las personas que oran fervientemente les gusta tanto orar que casi puede resultar intimidante estar cerca de ellas.

Conocí un par de personas así cuando estaba creciendo. Una mujer en particular era la mamá de un amigo con quien jugaba al fútbol en la secundaria. Ella siempre estaba orando y era muy apasionada. Muchas veces mi amigo y yo entrábamos a su casa y de repente una mano –¡*zas!*– pegaba contra mi frente. Antes de que reaccionara, ella ya estaba orando por mí. ¡Y quiero decir orar en serio! Si íbamos a comer con ella, había que agarrarse. Cuando bendecía los alimentos, no era una simple oración del tipo: "Dios es sensacional, Dios es bueno". ¡De ninguna manera! Hablo de una oración intensa, ferviente, ruidosa, larga y, a veces embarazosa.

Yo no estaba en el camino de Dios para ese entonces, y si bien creía que esta mujer era "estrambótica", escuchar y observar su oración dejó una gran impresión en mí. Ella tenía acceso a algo que yo podía decir que era real. Yo sabía que ella estaba tocando a Dios.

Mi tía Tricia también es una mujer de oración. Cuando yo era joven ella siempre oraba por mí y me hablaba de Dios. Hasta el día de hoy sigo recordando algunas de sus oraciones sobre el propósito de Dios para mi vida. Creo que las oraciones de estas dos mujeres jugaron un papel decisivo en mi llegada a Cristo.

Como creyentes, sabemos que la oración es importante...y poderosa. Tenemos a Jesús como ejemplo, sabemos por el Nuevo Testamento que la oración fue un significativo aspecto de su vida y ministerio. La Biblia registra muchas ocasiones en que Él se apartó a solas para orar a su Padre. La conexión entre su poder y su vida de oración se hizo evidente para sus discípulos, y dio lugar a que le pidieran: "Señor, enséñanos a orar" (Lucas 11:1). Ellos sabían que si podían desentrañar el secreto de la oración, todas las enseñanzas, prédicas, sanidades y milagros vendrían a continuación. Creo que el poder que Jesús demostró en su ministerio público estaba directamente relacionado con la vida de oración que tenía en privado.

Estoy seguro de que a muchos de nosotros nos gustaría tener una vida de oración más fuerte y eficaz, ¿no le parece? Sin embargo, creo que para la mayoría de nosotros la oración puede parecer algo misterioso. Conocemos su importancia, queremos mejorar, pero para ser honestos, realmente no entendemos cómo funciona.

Por ejemplo, ¿ha orado y orado por algo, sin que nada sucediera? Sin embargo, en otra oportunidad, quizás hizo una oración en el auto cuando iba a trabajar, y de repente –¡bam!– Dios respondió inmediatamente. Se entiende por qué a causa de estas experiencias, surgen preguntas tales como:

> Creo que el poder que Jesús demostró en su ministerio público estaba directamente relacionado con la vida de oración que tenía en privado.

- ¿Por qué Dios responde algunas oraciones tan rápidamente?
- ¿Debo orar de una cierta manera o incluir ciertas palabras?
- ¿Por qué algunas de mis oraciones más importantes no son respondidas?
- ¿Cuántas veces tengo que orar para obtener una respuesta?
- Si simplemente obedezco la Palabra y camino en fe, ¿qué importancia tienen en realidad mis oraciones?

Como siempre, el primer lugar para encontrar respuestas a estas preguntas es la Palabra de Dios. Al principio, podría parecer que en la Biblia hay historias y parábolas contradictorias respecto a la oración. Por ejemplo, Jesús dijo: "No uséis vanas repeticiones, como los gentiles, que piensan que por su palabrería serán oídos" (Mateo 6:7), y: "Vuestro Padre sabe de qué cosas tenéis necesidad, antes que vosotros le pidáis" (Mateo 6:8). Luego está la historia de la viuda insistente (Lucas 18:1–8) y otras situaciones de la Biblia en las cuales la gente oró muchas veces. No es raro que nos preguntemos: "¿Entonces, cómo es esto?" y "¿Cómo funciona la oración?".

EL CORDÓN DE TRES DOBLECES DE LA ORACIÓN QUE PREVALECE

Quisiera desempacar algunos de los secretos que he descubierto para que la oración sea poderosa y eficaz. Comencemos observando el tan conocido versículo sobre la oración de Santiago 5:16: "La oración eficaz del justo puede mucho".

Cuando leí esto por primera vez, me pregunté: *¿Qué significa* puede *mucho?* Es la palabra griega *isjúo,* que significa "hacer un esfuerzo o ejercer el poder; ser una fuerza; tener la fortaleza para dominar". ¡Guau! Eso suena definitivamente como la clase de oraciones que yo quiero: las que constituyen una fuerza con la que hay que vérselas. Sin embargo, fíjese que Santiago no dice que *todas* las oraciones pueden mucho. Hay una característica por la cual algunas sí lo hacen y eso es lo que debemos entender.

Eclesiastés 4:12 dice: "Y si alguno prevaleciere contra uno, dos le resistirán; y cordón de tres dobleces no se rompe pronto". Hay un cordón de tres dobleces que no se rompe pronto ni fácilmente. Esos cordones son la *eficacia, el fervor y la justicia*. Como creyente del Nuevo Testamento, usted ya tiene el cordón de la justicia "por la fe en Cristo" (Filipenses 3:9). Por lo tanto, si puede lograr los otros principios de la eficacia y el fervor, ellos cambiarán su vida.

En un capítulo previo hablamos de tener la mentalidad adecuada y de concentrarnos en la bondad, la grandeza y la gloria de Dios. Dios es su Padre y lo ama. Él quiere hablar con usted, y quiere que usted le cuente todo, sea grande o pequeño. El Salmo 37:23 dice: "El SEÑOR dirige los pasos de los justos; se deleita en cada detalle de su vida" (NTV). Así como a usted le gusta hablar con un amigo o un ser querido sobre lo que sucede en su vida, sea bueno o complicado, no hay nada que Dios no quiera que usted le diga. Recuerde, sin embargo, acercarse en oración con un claro entendimiento de la bondad, la grandeza y la gloria de Dios apuntando firmemente al blanco.

Como sucede con otras cosas de las que hemos hablado, la oración puede convertirse fácilmente en algo que hagamos con nuestras propias fuerzas, que tenga que ver con nuestro rendimiento personal más bien que con

> Dios quiere que usted le cuente todo, sea grande o pequeño.

conocer a Dios. Cuando sucede esto, la oración se transforma en una obligación legalista y se pierde el gozo de orar. Un ejemplo de una actitud legalista hacia la oración sería creer que usted debe orar todos los días sin fallar a la misma hora, durante cierto tiempo y siguiendo determinado formato. Y si no lo hace, ¡cuidado!: Dios estará descontento con usted.

Semejante mentalidad inclinada al rendimiento personal en realidad lo prepara para una vida de oración inconstante, porque cada vez que usted falle en cumplir con su estándar, caerá en condenación, y en lugar de avanzar a su siguiente momento de oración, le resultará una carga sombría. En lugar de llegar al trono de Dios con audacia y confiadamente, irá pidiendo perdón por haber faltado a su tiempo de oración por uno o dos días o por haberla acortado en algunos minutos.

Así como debemos mantener siempre nueva nuestra relación con Dios, también debemos mantener siempre nuevo nuestro tiempo de oración. ¡Es tiempo de tener un despertar en nuestra vida de oración! Ahora mismo, si usted tiene sentimientos negativos hacia la oración, quisiera que deje de leer por un momento y se pregunte por qué se siente así. Es probable que muy en lo profundo de su ser haya una forma de pensar legalista respecto a la oración. Así que mientras vemos los aspectos de una vida de oración confiada y eficaz, quisiera que usted recuerde que el objetivo principal de la oración es edificar una relación: acercarse más a Dios.

LA ORACIÓN DEL JUSTO

Como hemos hablado antes, bajo el Nuevo Pacto de la gracia, la sangre de Jesús nos hizo justos. En otras palabras, una vez que aceptó a Jesús como su Salvador, usted está en "la relación correcta" con Dios (Romanos 8:33, NTV). Está completamente perdonado y justificado ante sus ojos (Romanos 3:24). Es como si jamás hubiera pecado. Jesús nos posibilita ir a la presencia de Dios, pero no lo hacemos basados en nuestros propios méritos. Vamos en el nombre de Jesús. Es por Él que tenemos una increíble autoridad cuando oramos.

Jesús les dijo a sus discípulos que cuando oraran al Padre, lo hicieran en su nombre (Juan 15:16; 16:23-24). ¿Entiende lo que eso significa? ¡Jesús nos ha dado su nombre para que lo usemos! Imagínese que algún multimillonario le diera sus tarjetas de crédito y lo autorizara a usar sus cuentas bancarias. Usted podría usar su nombre y sus recursos para obtener lo que necesite. ¡Guau, eso sería tremendo! Pero este es el truco: todo lo que haga con su dinero debe estar de acuerdo con sus gustos y sus valores.

> Cuando usted ora en el nombre de Jesús, tiene el mismo poder que si el mismo Jesús estuviera orando.

Dios lo oye cada vez que usted ora en el nombre de Jesús. Cuando Jesús nos dio su nombre, nos estaba otorgando acceso total a su increíble poder e ilimitados recursos. *Cuando usted ora en el nombre de Jesús, tiene el mismo poder que si el mismo Jesús estuviera orando.* La diferencia entre nosotros y Jesús es que Él siempre está completamente alineado con su Padre. Por eso es tan importante tener periódicos tiempos de ayuno. El ayuno es la forma más rápida de ponerse en sintonía con Dios.

Entonces, el primer cordón para hacer la oración que puede mucho es *orar en sintonía con la voluntad de Dios*. Cuando usted ora en el nombre de Jesús de acuerdo con la voluntad del Padre, Dios interviene en su situación. Cuando usted se alinea con el propósito de Dios, puede pedir lo que quiera y Dios lo hará (Juan 16:23-24). Hablaré de cómo ponernos en sintonía con Dios, en otra sección, más adelante.

LA ORACIÓN EFICAZ

Cierta vez una persona me dijo: "Está bien, Stovall, creo que Dios oye mis oraciones, pero parecería que muchas veces me responde 'no'". Créame: si así fuera, agradézcaselo. Aunque no lo podamos ver en ese momento, Dios sabe lo que es mejor para usted y para mí. Si usted es padre, sabe que cuando su hijo quiere salir a jugar en una calle muy transitada y usted le dice que no, le está dando una respuesta de amor.

Muchas veces en mi caminar con Dios le he pedido algo y Él no me lo ha concedido. Al mirar atrás, ¡le estoy tan agradecido! Sin embargo, creo sinceramente que la mayoría de las veces podemos saber de antemano si la respuesta de Dios va a ser sí o no. Esto nos lleva al segundo cordón de la oración que puede mucho: *la oración eficaz*.

¿Puede usted saber si Dios le dirá que sí a su oración?

¿Le daría eso la confianza, la fe y la persistencia para seguir orando? ¿Pero cómo podríamos saberlo realmente? Y si Dios va a decir que sí, ¿cuántas veces debemos orar para ver respondidas nuestras peticiones?

La oración eficaz comienza al saber lo que la Palabra de Dios dice sobre esa situación. Tenemos que estar renovando continuamente nuestras mentes mediante la Palabra de Dios. Jesús dijo: "Si mis palabras permanecen en vosotros, pedid todo lo que queréis, y os será hecho" (Juan 15:7). No dijo cuándo sería hecho, pero sí dijo que sería hecho.

Hebreos 4:12 dice esto sobre la Palabra de Dios: "Porque la palabra de Dios es viva y eficaz, y más cortante que toda espada de dos filos; y penetra hasta partir el alma y el espíritu, las coyunturas y los tuétanos, y discierne los pensamientos y las intenciones del corazón".

La Palabra de Dios es *viva*. Eso significa que sin importar lo que usted esté enfrentando en su vida, Dios puede hablarle a través de su Palabra y por el poder del Espíritu Santo en cada situación. La oración es un instrumento de vida, y de ese modo tiene poder para producir vida en su situación.

La Palabra de Dios es *eficaz*. *Es un arma que usted querrá tener a favor para pelear, y no en contra*. Si queremos que nuestras oraciones sean eficaces, necesitamos alinearnos con la Palabra de Dios. Cuando lo hacemos, nos unimos al poder de la Palabra que da vida. Es entonces cuando sus oraciones se vuelven atrevidas, porque llevan poder y autoridad.

La Palabra de Dios es *verdad*. Cuando la leemos con un corazón abierto, discierne nuestros pensamientos y motivaciones más profundas. Es como un espejo que refleja luz y verdad, y nos permite examinar nuestras intenciones (Santiago 1:23).

La oración del justo está basada no en nuestra propia justicia sino en la justicia de Jesús. *La oración eficaz* no está basada en nuestra propia autoridad, sino en la autoridad de la Palabra de Dios. Una persona recta que hace una oración eficaz es un creyente en Jesús que ora basándose en la Palabra. ¿Se da cuenta ahora en qué medida la oración tiene poco que ver con nosotros pero mucho con glorificar a Dios? No tiene que ver tanto con obtener cosas de parte de Dios sino con alinear nuestro ser con lo que Dios quiere hacer. Muchas veces, sin embargo, nos concentramos tanto en nuestra comodidad y nuestras preferencias que ni siquiera nos tomamos el tiempo para examinarnos o para ver lo que dice la Palabra de Dios acerca de nuestra situación.

Mucha gente joven y soltera asiste a la Iglesia Celebration. A menudo se me pide que ore por parejas de novios porque "No nos llevamos bien" o "Discutimos todo el tiempo", o "¡No nos ponemos de acuerdo en nada!". Cuando seguimos hablando, veo que la persona que pide oración está saliendo con un no creyente. Pienso: *¿Me estás tomando el pelo?* Aunque esto sucede con frecuencia, siempre me toma por sorpresa. Dios ya dejó bien claro en su Palabra que un seguidor de Cristo no debe tener este tipo de relación con un no creyente. Es lo que se llama "yugo desigual" (2 Corintios 6:14).

¿Se da cuenta de cuán tonto es pedirle a Dios que bendiga algo que Él ya claramente nos ha dicho que no hagamos? Ir en contra de su voluntad revelada solo puede producir dolor y malestar en nuestras vidas. ¿Cómo podría tener poder una oración así? De hecho, estas oraciones no solo no están alineadas con la Palabra de Dios, sino que el poder y la autoridad

> Tenemos una parte que jugar en la efectividad de la oración y se refiere a alinearnos con la voluntad de Dios.

de la Palabra están en directa oposición a ellas. ¡Es un doble problema desde el principio!

Otro ejemplo es el principio de poner a Dios en primer lugar. La Palabra de Dios es muy clara al decirnos que hagamos esto. En Mateo 6:33 Jesús dijo: "Mas buscad primeramente el reino de Dios y su justicia, y todas estas cosas os serán añadidas". Todo el contexto de este pasaje se relaciona con la provisión. Muchas veces las personas le ruegan a Dios que les dé una salida en algún problema financiero, pero se niegan a ponerlo a Él en primer lugar en forma práctica, diezmando.

Tenemos una parte que jugar en la efectividad de la oración, y se relaciona con la alineación. Debemos alinear nuestras oraciones con la Palabra, y quizás también necesitemos alinear algunos aspectos de nuestras vidas con ella. Cuando no oramos de acuerdo con la voluntad de Dios revelada en su Palabra, nuestras oraciones carecerán de dirección, confianza y poder. Esa es la formula segura para la ineficacia.

LA ORACIÓN FERVIENTE

El tercer y último cordón de una oración que puede mucho es el *fervor*. Recuerde nuestro versículo de Santiago 5:16: "La oración eficaz del justo puede mucho". Creo que este es el aspecto de las oraciones que pueden mucho con que más luchan los cristianos. Conozco muchos creyentes que ya tienen el aspecto de la justicia "quiero decir, qué otra opción tenemos, más que orar en el nombre de Jesús, ¿no es cierto? Ellos también son sinceros y verdaderamente quieren que la voluntad de Dios sea una norma en sus vidas, aunque a veces puedan tener luchas. Pero el fervor es algo diferente: es pasión por glorificar a Dios.

Nuestra motivación para la oración no debería estar centrada exclusivamente en nosotros mismos para obtener lo que necesitamos. Dios prospera donde puede demostrar su poder. Él quiere ser glorificado en la tierra. Pero Dios no compartirá esa gloria y ese honor con nadie más. Él merece toda la gloria, todo el honor y toda la alabanza.

Piense en las oraciones que ha hecho a lo largo de su vida. ¿Solo quiere ser feliz en su matrimonio o quiere que Dios sea glorificado en su matrimonio? ¿Solo quiere que sus hijos sean buenos y no se metan en problemas o quiere que Dios sea glorificado en sus vidas? ¿Solo quiere salir de sus problemas financieros y sentirse aliviado o quiere que Dios sea glorificado en sus finanzas? ¿Quiere que Él sea glorificado en sus negocios y su carrera? Cuando solo concentramos nuestras oraciones en nuestra tranquilidad y nuestra felicidad, y no en la gloria de Dios, nos desalentaremos fácilmente al no ver una pronta respuesta a esas oraciones.

Sí, hay cosas que todos necesitamos y queremos. La mayoría de las veces esas cosas son buenas, y nuestro Padre celestial quiere bendecirnos con ellas. Él quiere que seamos felices (Salmos 84:11). Pero Dios nos ha creado de tal manera que no podemos sentirnos realizados ni felices a menos que estemos viviendo para su gloria. Lea otra vez ese versículo: "Mas buscad primeramente el reino de Dios y su justicia, y todas estas cosas os serán añadidas" (Mateo 6:33).

¿Ve la diferencia? El motivo de nuestras oraciones debería ser la gloria de Dios más allá de nuestra comodidad o preferencias personales. Tantas de nuestras oraciones en realidad son para nuestro propio beneficio y para sentirnos aliviados. Y aunque muchas veces Dios en su misericordia responde esas oraciones como suponemos que es su voluntad, si usted quiere orar con confianza y saber que Dios le dirá que sí, su primer motivo debería ser darle la gloria a Él.

Esa es la clave: ¿tenemos pasión por la gloria a Dios? Creo que esta es la primera cosa de la que carecen los creyentes de hoy en sus vidas de oración y es la razón porque tantas oraciones no obtienen la respuesta que ellos esperan.

No podemos tener fervor en nuestras oraciones si no tenemos hambre espiritual y fuego de Dios. Es por esto que el despertamiento es tan importante para encender su vida de oración. La oración ferviente necesita pasión por Dios. La oración ferviente viene del afecto hacia Dios. Mientras permanezcamos en un estado aletargado, dormido, no tendremos pasión por la gloria de Dios. Las preocupaciones del mundo y los deseos de la carne nos entumecen y nuestras vidas de oración se verán entorpecidas. En mi experiencia, *la falta de fervor en la oración es la primera señal de que mi alma está necesitando*

> Tantas oraciones en verdad son para nuestro propio beneficio y para sentirnos aliviados.

un nuevo despertar. Cuando comienzo a distanciarme y la oración parece más un compromiso que un afecto apasionado por glorificar a Dios, sé que es tiempo de iniciar el proceso de renuevo por medio de la oración y el ayuno. Necesito despertar.

¿Y SIGUE SIN RESPUESTA?

Otra pregunta que me hace mucha gente sobre la oración es: "¿Cuántas veces debo orar sobre algo? He orado, y orado y orado y no pasa nada. Soy un hijo de Dios, oro en el nombre de Jesús y de acuerdo con su Palabra. Quiero que Dios se glorifique en esta situación, así que si Dios está escuchando mis oraciones, ¿por qué no hay una respuesta?".

A veces hacemos todo bien, pero nos encontramos aparentemente sin respuesta de parte de Dios. El hecho de que tengamos que esperar no significa que Dios no nos haya escuchado o nos esté diciendo que no. La mayoría de las veces es exactamente lo opuesto. Esperar en Dios es necesario porque la mayoría de las respuestas a las oraciones abarcan un cuadro mayor de lo que nosotros conocemos o entendemos.

Las respuestas a nuestras oraciones pueden abarcar un proceso en el que Dios está estableciendo el escenario y moviéndose de una manera sobrenatural. Cada respuesta a una oración es comúnmente una preparación para lo que vendrá después. Dios no solo está mirando desde un punto A hasta un punto B. Él mira desde la A hasta la Z. Él es el Alfa y la Omega (Apocalipsis 1:8). Él anuncia lo por venir desde el principio (Isaías 46:10). Mucho del esperar en Dios tiene que ver con que Él nos prepara para los retos o las bendiciones que traerá la respuesta a nuestra oración.

Esperar en Dios por la respuesta a nuestras oraciones no es algo pasivo como esperar en la oficina del doctor o en la verificación técnica vehicular. Esperar en Dios incluye participar con Él en un proceso que hará lugar para que venga su reino y para que su voluntad sea hecha en la tierra, así como en el cielo. Muchas veces vemos la respuesta a nuestra oración como un fin, cuando en realidad la respuesta a la oración es solamente un medio: Dios nos está preparando, extendiendo, expandiendo y fortaleciendo para lo que traerá su respuesta a nuestra oración.

Si usted está en una etapa de espera en Dios, lo aliento a que no pierda la esperanza. Inicie el proceso y permanezca confiado que Dios lo ha oído, lo ama, y quiere lo mejor para su vida: "Y sabemos que Dios hace que todas las cosas cooperen para el bien de los que lo aman y son llamados según el propósito que él tiene para ellos" (Romanos 8:28, NTV).

Quizás usted siempre creyó que tener un estilo de vida de oración que puede mucho era para otra gente, para personas como mi tía o como la mamá de mi amigo. Quizás haya pensado que usted no es una persona de oración. Pero cada uno de nosotros, cada cristiano, es un candidato para toda una vida de oración que puede mucho. Como hijo de Dios y seguidor de Cristo, usted *está orando* como una persona justa. Mientras ora de acuerdo con la Palabra de Dios, sus oraciones *tienen* autoridad y poder. Son eficaces. Y si su pasión es glorificar a Dios, entonces sus oraciones son *fervientes*. Estas son las oraciones que pueden mucho.

La oración del justo no está basada en nuestra propia justicia sino en la justicia de Jesús. La *oración eficaz* no está basada en nuestra propia autoridad sino en la autoridad de la Palabra de Dios.

> Como hijo de Dios y seguidor de Cristo, usted está orando como una persona justa.

La *oración ferviente* no está basada en nuestra propia comodidad o preferencias sino en el propósito de glorificar a Dios.

Cuando oramos de acuerdo con estas tres características, podemos tener confianza en que Dios dirá sí a nuestras oraciones. Siga orando hasta que vea la respuesta. ¡La verá! No se dé por vencido, persevere en la oración (1 Tesalonicenses 5:17) y recuerde que por medio de la fe y la paciencia heredamos las promesas de Dios (Hebreos 6:12).

Mas adelante descubriremos al más poderoso compañero de la oración. Es la bomba atómica de nuestras armas espirituales, pero es una de las disciplinas más desconocidas y menos practicadas por los creyentes. Alístese mientras descubrimos el increíble poder de renovar nuestras almas por medio de la nueva escuela del ayuno.

Historia de un despertamiento

La montaña se movió

Mi esposa y yo habíamos soñado con tener algún día nuestro propio negocio. En la primavera de 2005 se nos presentó la oportunidad de comprar un negocio. Investigamos e hicimos que un pequeño centro de desarrollo comercial evaluara esta oportunidad. Luego, en junio de 2005, lo compramos con una combinación de efectivo y un pagaré a los dueños anteriores. Eso significaba que habíamos invertido todos los ahorros de nuestra vida y éramos personalmente responsables por un pagaré de $175,000. También debíamos hacer frente a un contrato de arrendamiento, gastos operativos y sueldos.

Pronto nos dimos cuenta de que el negocio no daba ganancias. Cada mes nuestros gastos superaban los ingresos. Eso significaba que no podíamos sacar un salario del negocio. Fue un increíble tiempo de prueba y aprendizaje. Fuimos probados en todos los frentes: desde las finanzas hasta nuestro matrimonio. Una vez que nos dimos cuenta de que no éramos capaces de continuar manejando ese negocio, tratamos de llegar a un acuerdo con el dueño anterior para devolvérselo, pero él no lo aceptó. La siguiente llamada que recibí fue de su abogado. Para resumir esta historia, tuvimos que contratar un abogado comercial para estudiar qué alternativas nos quedaban. Al mismo tiempo nos reunimos con un abogado especialista en quiebras, temiendo que esa fuera a ser nuestra única opción.

En julio de 2006 nuestro abogado nos dijo que había llegado a un acuerdo para que le devolviéramos la llave del negocio al dueño anterior ya que estábamos en mora con el pagaré que le habíamos dado. Creímos que esto significaba que el pagaré sería cancelado, pero no fue así. Seguíamos siendo responsables de pagarlo. Fue un tiempo muy duro, que nos exigió mental y físicamente, y probó nuestra fe en Dios. En enero de 2007 participamos de El Despertamiento de 21 días de ayuno y oración, y entregamos la situación del negocio a Dios, mientras invertíamos mucho tiempo en oración y aprendiendo a rendirnos verdaderamente. Creíamos que aunque nuestra fe solo parecía ser como un grano de mostaza, Dios podía mover la montaña que estaba frente a nosotros. Concluimos el ayuno un viernes a la noche y seguía sin haber señales de nada nuevo en nuestra situación. Nos sentimos un poco desilusionados y descontentos, pero creíamos que Dios había oído nuestras oraciones.

No sabíamos que ese mismo viernes los dueños anteriores habían llenado un formulario del Servicio Nacional de Rentas (IRS) que en esencia nos liberaba de la deuda de $175,000 que teníamos. Fue como si nos hubieran sacado el peso del mundo de encima de los hombros. Dios había probado su fidelidad una vez más.

Este proceso de ayuno, oración y búsqueda de Dios fue una travesía que nos hizo más fuertes, más sabios y con completa confianza y fe en Él y solo en Él. Nuestra relación con Dios y entre nosotros creció y se hizo más profunda en ese tiempo de prueba. Sabemos que Dios hará un camino donde parece que no lo hay. Aprendimos que no podemos mirar nuestras circunstancias con los ojos naturales. Cuando tenemos un tiempo de ayuno y oración, comenzamos a ver las cosas de manera diferente y permitimos que Dios se mueva sobrenaturalmente.

— JONATHAN MAC ARTHUR

La nueva escuela del ayuno

ES TIEMPO DE adoptar una nueva actitud hacia el ayuno. Cuando se lo practica de la forma correcta, el ayuno es algo que todos deberían disfrutar. Eso es *¡disfrutar!* Sé lo que debe estar pensando *El ayuno ¿no es para emergencias o para la gente realmente santa?* No, ¡el ayuno es para todos los seguidores de Jesús! Permítame explicarlo.

Demasiada gente que conozco ayuna con una mentalidad estricta que se centra en la abstención. El ayuno al que me refiero aquí es distinto. Por supuesto que requiere abstenerse de ciertas comidas, pero la mentalidad es completamente distinta. Al final le mostraré cómo hallar su zona de ayuno donde experimentará el mínimo vacío físico con la máxima plenitud espiritual.

Conozco varias personas que, una vez que comenzaron a ayunar correctamente con una mentalidad de Nuevo Testamento, no querían finalizar su ayuno aun después de los veintiún días. Ayunar es una de las armas espirituales más poderosas que pueden usar los creyentes, sin embargo, muchos cristianos nunca la han experimentado. Existe una errónea percepción común de que el ayuno es para los cristianos serios o solamente para tiempos de crisis. Algunos incluso piensan que el ayuno es cosa del Antiguo Testamento. Nada podría estar más lejos de la verdad.

Puedo decir esto con total confianza: *Hay una intimidad con Dios que usted no experimentará por medio de la oración o del tiempo devocional solamente. Deberá ayunar.* Cuando ayuna, usted recibe una revelación mayor de la Palabra de Dios que sencillamente no se logra de otra forma. Desconectarse de las distracciones del mundo por medio del ayuno, y conectarse con el poder y la presencia de Dios a través de la oración, trae una frescura y renovación sobrenaturales a nuestra alma.

Jesús dijo claramente: "Cuando ayunéis" (Mateo 6:16), y "Este género con nada puede salir, sino con oración y ayuno" (Marcos 9:29). Básicamente eso significa que algunas cosas solamente cambian cuando usted ayuna. Jesús mismo ayunaba (Mateo 4:1-2). Para serle franco, cuestionar o pasar por alto la necesidad de ayunar sería equivalente a cuestionar la oración, o la lectura de la Palabra de Dios, o la ayuda a los necesitados. Sencillamente no podemos darnos el lujo de desechar una práctica espiritual que la Biblia apoya. Debemos aprender a manejar esta poderosa arma espiritual. Es uno de los dones más grandes que Dios nos ha dado para renovar nuestra alma.

Como muchas otras cosas que hemos tratado, el principal propósito del ayuno es ayudar a que nos acerquemos a Dios. Pero nuestra forma de ver el ayuno y, esencialmente, nuestra manera de ayunar, determina cómo nos beneficiaremos de él. Me he encontrado con gente que ha intentado ayunar, pero que tenía una mentalidad de Antiguo Testamento o lo que yo denomino mentalidad de la vieja escuela acerca de él. Por esa causa, la experiencia con el ayuno les resultaba pesada y carecía de la frescura, fuerza y disfrute que se supone que debe traer.

> Hay una intimidad con Dios que usted no experimentará por medio de la oración o del tiempo devocional solamente. Deberá ayunar.

Como verá, existen diferencias importantes entre ayunar en el Antiguo Pacto y ayunar en el Nuevo Pacto que debemos descubrir primero. El propósito por el cual ayunamos ha cambiado, y también la forma de hacerlo. Había una manera de ayunar de la vieja escuela, pero ahora hay una manera de la nueva escuela, y Jesús explicó la diferencia.

AYUNAR EN EL NUEVO PACTO

El ayuno fue tema de conversación un día que Jesús estaba hablando con algunos de los discípulos de Juan el Bautista. Estos apasionados amigos de Juan querían saber la razón por la cual Jesús y sus discípulos no seguían la costumbre judía de ayunar. Jesús respondió, diciéndoles cómo el ayuno estaba a punto de cambiar y cuál sería su propósito en la vida del creyente del Nuevo Testamento:

> Entonces vinieron a él los discípulos de Juan, diciendo: ¿Por qué nosotros y los fariseos ayunamos muchas veces, y tus discípulos no ayunan?
> Jesús les dijo: ¿Acaso pueden los que están de bodas tener luto entre tanto que el esposo está con ellos? Pero vendrán días cuando el esposo les será quitado, y entonces ayunarán.
> Nadie pone remiendo de paño nuevo en vestido viejo; porque tal remiendo tira del vestido, y se hace peor la rotura.
> Ni echan vino nuevo en odres viejos; de otra manera los odres se rompen, y el vino se derrama, y los odres se pierden; pero echan el vino nuevo en odres nuevos, y lo uno y lo otro se conservan juntamente.
> (Mateo 9:14-17)

Sorprendentemente, mucha gente piensa que esto significa que Jesús pensaba que el ayuno no era necesario. Es un completo malentendido. Jesús no dijo que no debíamos ayunar. En efecto, por el lenguaje que usó, ("entonces ayunarán"), parece que al menos esperaba que sus discípulos volvieran a la práctica del ayuno después de su ascensión al cielo. Lo que Jesús dijo fue que la antigua forma no se podía mezclar con la nueva. El Nuevo Pacto de la gracia estaba a punto de establecerse, y todo iba a cambiar, incluido el ayuno. Las viejas razones por las que se ayunaba no se mezclarían con el nuevo significado y propósito, y Él explicó por qué.

Jesús dio dos ilustraciones para ayudarnos a entender claramente este concepto de viejo frente a nuevo. Primero, lo comparó con un remiendo de paño nuevo en vestido viejo. Segundo, lo comparó con odres viejos y nuevos. Esta era una ilustración muy deliberada, porque en la Biblia, el aceite y el vino son símbolos del Espíritu Santo.

En los días de Jesús, el vino no se conservaba en botellas, sino en recipientes llamados odres. Para conservar el vino recién hecho, los odres debían ser blandos y flexibles, porque cuando el vino fresco comenzara a fermentar, expandiría el odre. Entonces este debía ser capaz de estirarse con el vino. Los odres viejos no servirían, porque se habrían vuelto duros, quebradizos e inflexibles. Un odre viejo lleno de vino nuevo se rajaría y se rompería cuando el vino comenzara a expandirse, y el vino fresco y nuevo se derramaría.

Ahora piense cómo se aplica esto a un creyente del Nuevo Testamento. Cuando somos salvos, recibimos el Espíritu Santo (el vino). Él viene y habita en nuestro interior (el odre). Recuerde que anteriormente tratamos sobre que Dios es un llenador, y cuando llena los espacios de nuestras vidas, multiplica y expande. Quiero que capte esta imagen. Hay cosas frescas y nuevas que Dios quiere hacer en su vida, nuevas obras del Espíritu, obras de expansión que Él ha predeterminado para su vida, pero usted necesita un "odre" nuevo para contenerlas.

Usted necesita un odre nuevo para avanzar en el propósito de Dios para su vida. Pero la mayoría de la gente no se da cuenta de que un odre nuevo no se recibe una sola vez, cuando usted es salvado. *Debemos recibir odres nuevos repetidamente para que la obra de Dios pueda continuar expandiéndose en nuestras vidas.* El odre viejo representa las viejas etapas, el anquilosamiento, la rigidez, y hasta dureza de corazón. Lo viejo y endurecido no podrá contener lo nuevo y fresco.

El ayuno nos da un odre nuevo. A medida que nos acercamos a Dios mediante periódicas épocas de oración y ayuno, Él nos renueva preparándonos para contener las cosas frescas y nuevas que desea traer a nuestras vidas. Pero es muy importante que tengamos la mentalidad correcta respecto al ayuno, porque no podemos mezclar lo viejo con lo nuevo. Sencillamente no podemos tener una mentalidad de Antiguo Pacto al respecto. Si usted va a ayunar, esto debe hacerse por medio del filtro y de los principios del Nuevo Pacto.

> Usted necesita un odre nuevo para avanzar en el propósito de Dios para su vida.

VIEJA ESCUELA CONTRA NUEVA ESCUELA

Hallará muchos relatos de gente "incluso de naciones enteras" que ayunan en el Antiguo Testamento por diferentes razones. Fundamentalmente, ayunar tenía que ver con lamentar o con hacer que Dios interviniera durante una crisis. Tenía que ver con convencer a Dios para que cambiara de parecer y para obtener su favor. Por ejemplo, en Joel 2:12-14, el pueblo dijo, en esencia: "Buscaremos a Dios por medio del ayuno y del lamento y quizás Dios tenga misericordia de nosotros".

Conocemos la historia de Jonás y el juicio inminente que venía sobre Nínive. En aquel entonces la gente también ayunaba para mostrar pesar y arrepentimiento por sus pecados. Así que el pueblo de Nínive dijo: "¿Quién sabe si se volverá y se arrepentirá Dios, y se apartará del ardor de su ira, y no pereceremos?" (Jonás 3:5-9).

Quiero dejar bien en claro que bajo el Nuevo Pacto, ayunar no es hacer que Dios cambie de parecer respecto de algo. Ayunar tampoco es algo que hagamos para obtener favor o perdón. Después que usted recibió a Jesucristo como su Señor y Salvador, ¡sus pecados pasados, presentes y futuros ya han sido perdonados! No necesita ayunar para obtener favor o recibir misericordia, porque por medio de Jesús usted vive en continuo estado de misericordia de Dios. En cambio, ayunar es una forma de celebrar la bondad de Dios y que por Jesús ya hemos recibido misericordia, perdón y favor.

Bajo el Antiguo Pacto, toda la mentalidad se basaba en "hacer para llegar a ser". Pero bajo el Nuevo Pacto, el principio operativo es "usted ya es, entonces actúe conforme a ello": ¡gócese y celebre que Cristo lo ha hecho libre (Gálatas 5:1)! No tiene que ayunar para recibir misericordia; en cambio, celebre la misericordia dada como don gratuito a través de su relación con Cristo. Bajo el Nuevo Pacto, usted no ayuna para obtener el

> Bajo el Antiguo Pacto, toda la mentalidad se basaba en "hacer para llegar a ser". Pero bajo el Nuevo Pacto, el principio operativo es "usted ya es, entonces actúe conforme a ello".

favor del Señor, porque vive perpetuamente en el favor del Señor. ¿Ve la diferencia?

Jesús les preguntó a los discípulos de Juan: "¿Acaso pueden los que están de bodas tener luto entre tanto que el esposo está con ellos? Pero vendrán días cuando el esposo les será quitado, y entonces ayunarán". Observe que no dijo que cuando el novio les fuera quitado, sus discípulos llorarían y ayunarían. Dijo que ayunarían. Lo dijo en el contexto del vino nuevo. A diferencia del ayuno de la vieja escuela, el de la nueva no estaría conectado con la crisis, el lamento y el juicio inminente.

La nueva escuela del ayuno no se refiere al lamento o la tristeza, sino a celebrar la bondad de Dios. Como creyentes, nuestro anhelo por Jesús va acompañado del gozo que nos envió por medio de su Espíritu Santo. No es un triste lamento, sino un anhelo expectante y gozoso.

Mientras que ciertos principios del ayuno, tales como acercarse a Dios, se mantienen iguales, el propósito y la experiencia son completamente diferentes. Los creyentes del Antiguo Testamento no tenían el Espíritu Santo o la Palabra viviente habitando en su interior como sucede con los creyentes del Nuevo Pacto (Romanos 8:9,11). Sus cuerpos tampoco eran templo del Espíritu Santo (1 Corintios 3:16).

Jesús dijo que cuando Él fuera quitado, sus discípulos ayunarían. Pero el ayuno de la nueva escuela se refiere a *celebrar* a Cristo y permitir que el Espíritu Santo que está en nuestro interior se expanda en mayor grado al mismo tiempo que nos despojamos del hombre natural y nos revestimos del hombre espiritual. No tenemos que llorar a Jesús, porque por medio del Espíritu Santo, Él está siempre con nosotros: nunca nos desamparará ni nos dejará (Hebreos 13:5). Ayunar no le servirá de mucho si tiene la mentalidad de la vieja escuela. Usted debe asirse a los principios de ayuno de la nueva escuela. Esto cambiará su vida. Dios le traerá a su alma frescura y renovación que lo prepararán para recibir eso nuevo, amplio e increíble que tiene para usted.

> La nueva escuela del ayuno no se refiere al lamento o la tristeza, sino a celebrar la bondad de Dios.

EL AYUNO ELIMINA LA M

Mientras vivimos nuestras vidas, con el tiempo n "mugre". Mientras que nuestro espíritu se hace eternar medio de Cristo (2 Corintios 4:1), nuestra alma, que e de nuestra mente, voluntad y emociones, puede agobiarse, volverse pesada, negativa y perezosa.

Las constantes demandas a nuestra mente, las distracciones y el ruido pueden agobiarnos y ponernos en una niebla espiritual. La vida va acumulando presión y dolor, lo cual hace que nuestras emociones se desequilibren. Cuando estamos cansados y agobiados, nuestra conciencia puede desensibilizarse, y dejan de molestarla cosas que alguna vez lo hacían. La voz de Dios se apaga lentamente y comenzamos a perder nuestra pasión por Él. El fuego interior se atenúa, y cambiamos a piloto automático, operando desde una posición de obligación o rutina en nuestra relación con Dios, en lugar de hacerlo desde una posición de afecto y fervor.

Aunque estemos yendo a la iglesia, leyendo la Biblia, y adorando, hay veces en que necesitamos darle una buena limpieza general a nuestra alma para volver a refrescarla. Tenemos que quitar la mugre del templo de Dios para poder oír su voz claramente y prepararnos para las cosas que Él quiere hacer en y a través de nosotros. Esto es lo que hace el ayuno. Es la llave secreta para que "Nunca dejen de ser diligentes; antes bien, sirvan al Señor con el fervor que da el Espíritu" (Romanos 12:11, NVI). El ayuno nos da un odre nuevo y trae nuevamente el fuego a nuestra relación con Él.

El ayuno pulsa el botón de reiniciar de su alma. Por ejemplo, piense en su hogar. La mayoría de la gente generalmente limpia su casa una vez por semana (está bien, si usted es un soltero, quizás lo haga una vez por mes). A medida que mantiene su hogar semana a semana, las cosas se ven bastante bien en apariencia. Pero aun así, es probable que de vez en cuando se haga un tiempo para hacer una limpieza más profunda.

> El ayuno pulsa el botón de reiniciar de su alma.

Cuando mira por encima de las aspas del ventilador de techo, por ejemplo, observa la suciedad y el polvo y piensa: *¡Oh, es asqueroso!*

a cuenta de que todo este tiempo, mientras el ventilador estuvo ....rando, fue arrojando toda esa suciedad y ese polvo por la habitación, sobre sus muebles, y sobre sus hijos. ¡Puaj! ¡Qué asco!

Entonces, cuando cree que va progresando, llega a los alféizares de las ventanas. Corre las cortinas y, *oh no*, ¿qué es eso? ¿Insectos muertos? ¿Tripas de moscas? ¿Qué ha pasado ahí atrás? Es como si una lagartija hubiera estado masacrando moscas. ¿Y qué es toda esta suciedad negra debajo del alféizar de la ventana? ¡Es tiempo de sacar todo el equipo de limpieza de alta potencia y detonar una bomba atómica de limpieza en ese lugar!

Cuando empieza a cavar hondo, se da cuenta de que su hogar que parecía tan limpio, en realidad estaba bastante sucio. Pero después de una buena limpieza profunda, su hogar está nuevamente renovado, limpio y restaurado. Es lo mismo que el ayuno hace por nuestra alma. Es como una limpieza profunda que remueve toda la mugre que se ha acumulado con el tiempo sin que nos demos cuenta.

Experimenté esto de otra forma durante una cacería. Soy un ávido cazador de patos, y cada año me gusta hacer un viaje (o dos) a mi estado natal de Luisiana. Siempre he cuidado bastante bien mi escopeta. Le hago una limpieza básica de vez en cuando y siempre le paso un paño después de cazar. Durante la temporada, la escopeta parece disparar bien. Funciona y parece razonablemente limpia. Pero hace algunos años, al final de la temporada, decidí desarmarla y darle una limpieza realmente profunda y completa. Nunca olvidaré lo que sucedió.

Para limpiar el mecanismo de disparo, lo desmonté y lo arrojé en un recipiente con gasolina. Después de unos segundos quedé pasmado. No creí que estuviera tan sucio, pero de inmediato toda esta suciedad y mugre comenzó a subir a la superficie como una nube de humo negro.

> El ayuno es como una limpieza profunda que remueve toda la mugre que se ha acumulado con el tiempo sin que nos demos cuenta.

Después de ver lo sucia que realmente estaba, no podía creer que la escopeta hubiera podido disparar. ¿Cómo llegó toda esa mugre ahí?

Es similar a la forma en que se pueden ensuciar nuestra mente y nuestras emociones. Nuestra alma puede ensuciarse por los problemas, las preocupaciones, la naturaleza humana y las presiones de la vida. El mundo en el que vivimos es un ensuciador. Podemos vivir cada día pensando que todo está bien, pero cuando ayunamos, es como sumergir el mecanismo de disparo en gasolina. ¡Sumergimos nuestra alma en el fuego de Dios y salimos renovados y limpios! La vida tiene un sabor y un aroma frescos, y nuestra pasión por el Señor se renueva. Tomamos conciencia del Espíritu de Dios que está en nuestro interior. Realmente experimentamos el vino nuevo o la "vida nueva" (Romanos 6:4).

¿Puede ver cuánto necesitamos esa limpieza profunda de nuestra mente, emociones y alma? Para recibir las cosas que Dios quiere traer a nuestras vidas, debemos pulsar periódicamente el botón de reiniciar. Es lo que yo llamo experimentar una novedad del alma. Ahí es cuando Dios realmente puede comenzar a llevarlo "de gloria en gloria" (2 Corintios 3:18). Avanzamos en nuestra relación con Dios de forma acelerada y comenzamos a maximizar de manera sobrenatural nuestra eficacia para que su reino avance. Amigo, ¡qué don poderoso hemos recibido a través del ayuno!

LISTOS - REINICIAR - ¡FUERA!

El ayuno es una tremenda clave para despertar y revolucionar su andar con Dios. Le daré varios consejos prácticos sobre cómo hacerlo y tipos de ayuno en un capítulo más adelante, pero por ahora sepa que Dios siente pasión por usted y quiere que usted sienta pasión por Él. Cuánta más pasión tenga por Dios, más gozo verdadero experimentará. La mugre mundana es la enemiga de la pasión espiritual. Si desea experimentar todo lo que Dios tiene preparado para usted y mantener su fuego por Dios, necesitará hacer regularmente un poco de limpieza general en su alma.

> La mugre mundana es la enemiga de la pasión espiritual.

Espero que esté listo para pulsar el botón de reiniciar y experimentar la frescura de Dios en su alma. A continuación, voy a mostrarle cómo el ayuno lo libera y lo prepara para alcanzar su máximo potencial en la vida. Vamos a considerar algunas otras consecuencias y aspectos prácticos del mismo, todos los cuales lo encaminarán a vivir una vida de pasión.

Recuerde, se supone que el cristianismo apasionado debe ser la norma para el creyente, no la excepción. ¡Es tiempo de despertar!

Historia de un despertamiento

Una nueva dirección

Después de varios meses de haber comenzado a asistir a la iglesia, mi esposo y yo nos enteramos de que habría un Despertamiento de 21 días de oración y ayuno. Decidimos participar, y desde entonces nuestras vidas no han vuelto a ser las mismas.

Hasta este punto, sabíamos que estábamos preparados para entregarnos por completo a la obra del Señor, pero realmente no sabíamos con exactitud lo que Él había planeado para nosotros. Fue durante ese ayuno que Dios alineó nuestros corazones con su buena y perfecta voluntad, y fue mucho más fabuloso y más grande de lo que jamás podríamos haber imaginado. A lo largo de ese tiempo de oración y ayuno, Dios nos preparó para lo que ya tenía reservado para nosotros. Sentimos que Dios nos inducía a mudarnos de vuelta a nuestra ciudad natal de Colombus, Ohio, donde lanzamos un servicio de extensión de la Iglesia Celebration que ahora está alcanzando el área donde crecimos.

La oración y el ayuno ahora forman parte habitual de nuestra vida. En lo personal, me encuentro orando y ayunando no solo por mi propio crecimiento espiritual, sino también por las mujeres, por los futuros líderes y por mi familia de la iglesia de Ohio.

Nuestra pasión continúa creciendo y nuestra misión ha quedado claramente delineada. Ahora estamos usando los dones que Dios nos dio para el crecimiento de su reino, para servir a Jesús y a otros. Al llevar a cabo el plan de Dios para nuestras vidas, continuamos caminando junto a aquellos que no lo conocen y compartimos el amor de Dios.

— Kelli Welsheimer

8

Acuerdo, alineación y misión

UNA DE LAS razones por las que creo que la oración y el ayuno son tan poderosos cuando se los combina es que juntos activan una reacción en cadena donde vemos al reino de Dios manifestarse en la tierra.

Esta secuencia es lo que denomino *acuerdo... alineación... misión.* Cuando nos ponemos de *acuerdo* con Dios, estamos *alineados* con la perfecta voluntad de Dios en la tierra, como ya sucede en el cielo. Cuando estamos alineados con el cielo, nos damos cuenta de que Dios puede usarnos de formas que nunca creímos posibles. Entonces comenzamos a andar conforme a nuestra *misión:* cumplir el propósito para el cual Dios nos creó (Efesios 2:10).

Cuando estamos alineados con el plan y el propósito de Dios en el cielo, esto nos impulsa hacia adelante con ímpetu imparable, porque Dios está siempre en movimiento. Ayunar es clave para establecer este ímpetu espiritual, porque nos hace estar más alineados con Dios, que es donde se encuentra todo el poder del reino.

El patrón de acuerdo, alineación y misión se encuentra en realidad en las primeras frases del padre nuestro. Y no es coincidencia que este pasaje de las Escrituras, donde Jesús enseñó a orar a sus discípulos, esté justo antes de su enseñanza sobre el ayuno que, según creo, confirma aún más que la oración y el ayuno van de la mano:

Padre nuestro que estás en los cielos,
santificado sea tu nombre.
Venga tu reino.

Hágase tu voluntad,
como en el cielo, así también en la tierra. (Mateo 6:9-10)

ACUERDO

El profeta Amós escribió: "¿Pueden dos caminar juntos, sin estar de acuerdo adonde van?" (3:3, NTV). Para ver cumplidos los propósitos de Dios, primero debemos ponernos de acuerdo en que queremos que se establezca su voluntad, no la nuestra. Esto se relaciona con nuestro primer paso para experimentar un despertamiento: vivir una vida totalmente rendida a Dios.

Para ver que "venga tu reino" a tal punto que su voluntad se cumpla a través de nosotros aquí en la tierra, primero se requiere acuerdo de nuestra parte. Observe que las primeras palabras de esta oración son de adoración y alabanza a Dios. Como hemos considerado antes, esto es centrarse en la bondad, grandeza, y gloria de Dios: "Padre nuestro que estás en los cielos, santificado sea tu nombre".

Luego, después de la oración y la adoración, vienen las palabras "Venga tu reino. Hágase tu voluntad, como en el cielo, así también en la tierra". No podemos comenzar a ver venir el reino de Dios hasta que estemos de acuerdo con su señorío. Estar de acuerdo con Dios es una decisión que depende de nosotros. Es la actitud de un corazón decidido a glorificar a Dios. Aquí es donde se encuentran el gozo... la paz... y la satisfacción. La entrega total es una práctica diaria, un estilo de vida, el cual se sostiene por medio de oración y ayuno.

Podemos alcanzar un nivel de acuerdo y unidad con Dios tal, que diremos lo que Pablo describió: "Ya no vivo yo, mas vive Cristo en mí" (Gálatas 2:20). En otras palabras, Pablo dijo: "Estoy de acuerdo con Dios de tal forma, estoy experimentando tanto cielo en la tierra, que tengo confianza en que estoy completamente alineado con Cristo y que estoy cumpliendo su misión". Pablo estaba totalmente rendido al señorío de Cristo en su vida.

> La entrega total es una práctica diaria, un estilo de vida.

Pero permanecer totalmente de acuerdo con Dios requiere periódicos tiempos de oración y ayuno. El ayuno no es para Dios, es para nosotros. Nosotros somos los que necesitamos ayunar "y no para obtener lo que queremos o tratar de recibir más de Dios. Necesitamos ayunar para ir a toda velocidad tras lo que Dios quiere para cooperar (estar de acuerdo) totalmente con su voluntad.

Recuerde el pasaje de Mateo 6: "Cuando, pues, des… y cuando ores… cuando ayunéis…" (vv. 2, 5, 16). Jesús habló de la bendición y recompensa asociadas con hacer esas tres cosas porque hacen que estemos de acuerdo con el Padre.

¿Puede estar totalmente de acuerdo con Dios sin dar y orar regularmente? No, realmente no. Tampoco puede estarlo sin ayunar regularmente. ¿Puede apreciar lo que quiero decir?

Primero, nos ponemos de acuerdo con Dios sobre el señorío de Cristo: en que vivimos para su voluntad y para su gloria. Entonces, su reino se puede establecer en nuestras vidas. Ahora es cuando comenzamos a caminar alineados con Dios.

ALINEACIÓN

Una forma sencilla de describir el reino de Dios es decir que es cualquier lugar donde el gobierno y el reino de Jesús estén establecidos. En el cielo, el gobierno y el reino de Dios están perfectamente establecidos. Pero para verlo manifestarse sobre la tierra, debemos permitirle que nos alinee con su voluntad como en el cielo.

El acuerdo con Dios nos lleva al lugar donde decimos: "Sí, Señor. Vivo para tu gloria. Quiero que se haga tu voluntad en mi vida por sobre todas las cosas". La alineación con Dios es el lugar donde Él comienza a poner las cosas en orden para que su reino pueda venir a nuestras vidas. Dios comienza a traer su poder y a revelarnos cuál es su perfecta voluntad de modo que podamos comenzar a avanzar con un objetivo claro y preciso. La alineación es el lugar donde estamos posicionados al ponernos de acuerdo con Dios.

El ayuno hace que estemos más alineados con Dios de una forma que la oración sola no logra. Para mantenernos alineados con la perfecta voluntad de Dios se requieren periodos regulares de oración y ayuno. En el libro de Hechos vemos a los apóstoles ayunar regularmente, y muchos momentos cruciales de la guía de Dios vinieron cuando estaban ayunando.

Casi puedo oír a alguien preguntar: "Stovall, ¿está diciendo que para estar totalmente alineado con Dios, tengo que ayunar?"

¡Sí! Es exactamente lo que estoy diciendo, y Jesús también lo dijo.

Un día, Jesús subió a un monte (ahora llamado el Monte de la Transfiguración) a orar, y llevó consigo a Pedro, a Santiago y a Juan (Mateo 17). Mientras estaba allí, Jesús fue transfigurado a su estado glorificado, y Pedro, Santiago, y Juan tuvieron asiento en la primera fila.

> El ayuno hace que estemos más alineados con Dios de una forma que la oración por si sola no logra.

Aún no puedo imaginar lo que debe haber sido. Estos hombres habían caminado con Jesús cada día, habían comido con Él, y lo habían escuchado enseñar. Ya estaban convencidos de que Él era el Mesías. Pero entonces vieron a Jesús en estado glorificado: ¡qué experiencia sobrecogedora!

Por más increíble que fuera, Jesús no les permitió que se quedaran absortos en su experiencia de la cumbre del monte. Rápidamente hizo que sus mentes se enfocaran en asuntos del reino y los hizo bajar de la montaña. Los discípulos no lo sabían, pero al pie del monte, los esperaba un hombre desesperadamente necesitado. Esto debería servirnos como recordatorio de que los encuentros con la gloria y la presencia de Dios no tienen como único propósito bendecirnos a nosotros, sino también ponernos en marcha para ir y marcar una diferencia alcanzando con compasión a la gente que está perdida y sufriendo.

El hombre con el que se encontraron era un padre que necesitaba un milagro para su familia. En Mateo 17, leemos:

> Cuando llegaron al gentío, vino a él un hombre que se arrodilló delante de él, diciendo: Señor, ten misericordia de mi hijo, que es lunático, y padece muchísimo; porque muchas veces cae en el fuego, y muchas en el agua. Y lo he traído a tus discípulos, pero no le han podido sanar (vv. 14-16).

El hijo de este hombre era epiléptico, y por parte del lenguaje utilizado aquí, parecería que también tenía tendencias suicidas. La frase que el padre usó: "cae en" algo, era un eufemismo de esos días para describir intentos de suicidio. Sin duda este padre estaba desesperado. Amaba a su hijo, y estoy seguro de que sentía un dolor abrumador.

Este hombre se arrodilló humildemente ante Jesús, compartió con Él el dolor de lo que su hijo estaba viviendo y también le contó sobre sus esfuerzos por conseguir ayuda. El hombre lo había llevado a algunos de los discípulos de Jesús y ellos no pudieron echar fuera al demonio. Preste cuidadosa atención a la respuesta de Jesús, y al diálogo que tiene con sus discípulos después:

> Respondiendo Jesús, dijo: ¡Oh generación incrédula y perversa! ¿Hasta cuándo he de estar con vosotros? ¿Hasta cuándo os he de soportar? Traédmelo acá. Y reprendió Jesús al demonio, el cual salió del muchacho, y éste quedó sano desde aquella hora.
>
> Viniendo entonces los discípulos a Jesús, aparte, dijeron: ¿Por qué nosotros no pudimos echarlo fuera?
>
> Jesús les dijo: Por vuestra poca fe; porque de cierto os digo, que si tuviereis fe como un grano de mostaza, diréis a este monte: Pásate de aquí allá, y se pasará; y nada os será imposible. Pero este género no sale sino con oración y ayuno (vv. 17-21).

Cuando los discípulos vinieron a Jesús y le preguntaron en privado: "¿Por qué nosotros no pudimos echarlo fuera?", en una palabra Jesús les dijo que era por su incredulidad. Ésta es la raíz del problema también para nosotros. Queremos experimentar el poder sobrenatural de Dios y verlo moverse, pero nosotros, al igual que los discípulos en esta historia, a veces actuamos con incredulidad.

El poder de Dios está a su alcance, así como lo estaba para este muchacho. El problema no era el demonio; el problema era la incredulidad. Entonces Jesús trató la incredulidad.

Lo primero que dijo fue: "¡Oh generación incrédula y perversa!". Esto puede haber sonado un poco duro, pero Jesús no los estaba tratando mal. Usó dos palabras distintas para describir la raíz causante de su incredulidad: por "[generación] incrédula" quería decir que estaban demasiado desconectados de Dios, y "perversa", en cambio, quería decir que estaban demasiado conectados con el mundo. ¡Los discípulos también habían acumulado mugre! Aún hoy tenemos ese mismo problema. Cuando estamos demasiado desconectados de Dios y demasiado conectados con el mundo y sus distracciones, el resultado es siempre la incredulidad. En lugar de andar en fe, andamos en incredulidad, y el reino de Dios no se manifiesta con poder.

¿El remedio? Oración y ayuno. Jesús no les dijo a sus muchachos solamente que oraran. Les dijo que oraran y ayunaran. Ambos eran necesarios, porque la oración nos conecta con Dios y el ayuno nos desconecta del mundo.[1] Juntos, nos llevan a estar más alineados con el cielo.

Cuando usted ora y ayuna, lo primero que sale no es el "demonio" o el problema; es la incredulidad. El ayuno lidia con la raíz causal de la incredulidad. La expulsión del demonio, o cualquier milagro que usted necesite, es solamente una consecuencia de creer en Dios y de andar en fe. Cuando usted se alinea con Dios, comienza a ver la voluntad de Dios cumplida en su vida, como Dios ya la ha establecido en el cielo. El reino y el poder de Dios comienzan a manifestarse en su tierra, y ahí es cuando llega al punto en que, tal como Jesús predijo, le hablará al monte que le ha estado causando tanto dolor ¡y verá cómo es echado en el mar (Marcos 11:23)!

> La oración nos conecta con Dios y el ayuno nos desconecta del mundo.

Pero para alcanzar ese nivel de alineación con Él para ver esos resultados, usted necesitará orar y ayunar.

En realidad el ayuno no consiste en tratar de recibir milagros y avances significativos de parte de Dios. Consiste en alinearse con Dios y con lo que Él ya desea. No ayunamos para hacer que Dios cambie algo. Ayunamos para ser cambiados y alcanzar un mayor nivel de fe.

Dios ya nos ha dado todo lo que necesitamos para vivir una vida piadosa (2 Pedro 1:3). En efecto, no necesitamos obtener nada de Dios; sólo necesitamos aprender a andar según lo que nos dio cuando fuimos salvos.

Hay otra cosa muy importante que deseo señalar. Cuando los discípulos se enfrentaron a esta crisis, por causa de su incredulidad, no estaban preparados para afrontar el desafío que tenían delante. Observe que cuando Jesús se enfrentó con la crisis, no tuvo que

---

1 Jon Courson, Jon Courson's Application Commentary: New Testament (Nashville: Thomas Nelson, 2003), 138.

detenerse e ir a hacer un rápido ayuno de tres días para resolver el problema. Ya estaba alineado con su Padre celestial de tal manera que sabía cuál era su voluntad. El ayuno lo alinea a usted con Dios y lo prepara aun antes de que golpee la crisis. Básicamente, lo que Jesús les estaba diciendo a sus discípulos era: "Necesitan orar y ayunar antes de encontrar la crisis". Estaba diciendo que la oración y el ayuno son parte de nuestra preparación como creyentes para destruir las palabras del maligno. La oración y el ayuno deberían ser proactivos, no reactivos.

A través del ayuno hacemos menguar a nuestro hombre natural para que el hombre espiritual pueda levantarse. ¡Eso es el despertamiento! Hacemos que lo que Dios ha depositado en nuestro interior trabaje en el exterior. Alineamos lo externo con lo interno. Matamos de hambre a la incredulidad y alimentamos la fe. Movemos nuestra tierra de modo que se alinee con el cielo de Dios donde ahora todo puede pasar y "al que cree, todo le es posible" (Marcos 9:23).

Tengo grandes noticias para usted: no necesita una "doble porción" de la bendición de Dios: esa forma de pensar pertenece a la vieja escuela. Usted tiene toda la porción que siempre ha de necesitar. ¡Se llama Jesucristo dentro de usted! Aunque su fe sea tan pequeña como un grano de mostaza, la gracia de Dios hace que cualquier gran avance sea posible. Si puede ocurrir en el cielo, puede ocurrir aquí en la tierra porque "mayor es el que está en vosotros, que el que está en el mundo" (1 Juan 4:4). ¡El mismo poder que levantó a Jesús de los muertos está dentro de usted! Solo debe alinearse para que todo el poder del reino que está en su espíritu se manifieste en su cuerpo y alma y en las situaciones que está enfrentando.

> Cuando ayunamos, hacemos que lo que Dios ha depositado en nuestro interior trabaje en el exterior.

Esas cosas que enfrenta en la vida que quizás le parecieron una montaña, ya no le parecerán tan grandes. Su fe explotará y su incredulidad se disipará. Cuando se enfrente a desafíos, dirá con confianza: "Monte, ¡sal de mi camino!". Podrá decir con confianza, como lo hizo Pablo: "Y ya no vivo yo, mas vive Cristo en mí".

Mucha gente me ha dicho, después de intentar ayunar por primera vez, que el primer cambio que notaron fue la alineación. Las cosas se arreglan, la vida vuelve a tener su ritmo, las cosas se acomodan en su justo lugar. De repente, hay dirección. La niebla se disipa y la claridad viene a medida que las cosas comienzan a alinearse apropiadamente en sus relaciones... sus trabajos... sus finanzas. Perciben paz y orden, y se dan cuenta de cuán desalineada estaba su vida antes de ayunar.

Cada vez que ayuno, experimento esto. Miro atrás con agradecimiento a Dios y pienso: *¿Qué habría sucedido si no hubiera ayunado? ¡No habría habido forma de recibir este tipo de frescura y alineación con Dios!* Tanta guía clara. Tantos milagros ocurridos, pero solo son consecuencias de alinear mi tierra con el cielo de Dios.

> La oración y el ayuno deberían ser proactivos, no reactivos.

Quiero que piense acerca de su vida. ¿Qué desafíos está enfrentando actualmente o podría enfrentar en el futuro? Para ver que el reino de Dios venga y se haga su voluntad, usted debe estar alineado, y para estarlo, debe ayunar y orar.

Quizás tiene algún problema que parece infranqueable. Si nos encontráramos, quizás usted querría preguntarme: "Stovall, ¿y si...?".

Mi respuesta: "Ore y ayune".

"Pero creo que necesito ..."

"Ore y ayune."

"Pero usted no entiende lo que yo..."

"Ore y ayune."

"Pero ..."

"Ore y ayune."

"Este..."

"¡Ore y ayune! ¡Ore y ayune! ¡Ore y ayune! ¡Ore y ayune!"

Algunas cosas cambian solamente cuando usted ora y ayuna. este es el resumen de lo que Jesús dijo a los discípulos: Esta clase de _____ (complete el espacio) solamente cambiará, cuando usted no solo ore, sino que ore y ayune.

Debe estar más alineado con Dios para ver avances en su vida y en las vidas de los que ama. Pero cuando llega esa mayor alineación, la fe aumenta, la incredulidad disminuye, y el reino y gobierno de Jesús pueden llevarse a cabo en nuestras vidas. Esto nos prepara para caminar conforme a nuestra misión.

MISIÓN

Cuando estamos de acuerdo y alineados con Dios, nos damos cuenta de que Él puede usarnos de maneras que nunca creímos posibles. Comenzamos a caminar conforme a nuestra misión. ¡Es *acá* donde comienza la verdadera diversión! Y eso es lo que nos traerá la mayor satisfacción.

¿Que misión tiene Dios para su vida? Hay un propósito muy específico para el cual usted fue creado. Dios es el único que realmente puede informarle ese propósito, y para cumplirlo, necesitará su poder.

Quiero que piense en esto: Pablo y Bernabé estaban en un periodo de oración y ayuno en la iglesia de Antioquía cuando el Espíritu Santo les habló y les dio su misión (Hechos 10:30).

Incluso Jesús tuvo que recibir su misión. Cuando el Espíritu lo llevó al desierto, Él estaba lleno del Espíritu Santo (Lucas 4:1). Esto fue al comienzo de su ministerio. Después de un periodo de cuarenta días de oración y ayuno, Jesús volvió del desierto "en el poder del Espíritu" (v. 14). ¿Ve eso? Fue al desierto *lleno* del Espíritu Santo. Oró y ayunó. Entonces volvió del desierto caminando en el *poder* del Espíritu.

Ir a un lugar desierto como lo hizo Jesús es lo que el ayuno representa para nosotros. Recuerde, ayunar es la forma que Dios tiene para desconectarnos del mundo y sus distracciones. Simbólicamente hablando, cuando ayunamos nos apartamos del mundo y vamos a un lugar desierto. En este lugar comenzamos a oír la voz de Dios fuerte y claramente.

Muchos de nosotros estamos llenos del Espíritu Santo, pero

> Muchos de nosotros estamos llenos del Espíritu Santo, pero no andamos en el poder del Espíritu en la misión que Dios tiene para nuestras vidas.

no andamos en el poder del Espíritu en la misión que Dios tiene para nuestras vidas. La oración y el ayuno traerán ese poder al mismo tiempo que nos ponemos de acuerdo con Dios y nos alineamos con

Él. También nos ayudan a mantenernos bien encaminados en nuestra misión para concentrarnos en nuestro objetivo y no desviarnos.

Más adelante en este mismo pasaje, vemos que después de comenzar su ministerio público, Jesús iba cruzando Galilea y se detuvo en Capernaum, donde realizó obras increíbles. El relato de Lucas 4:40 dice: "Al ponerse el sol, todos los que tenían enfermos de diversas enfermedades los traían a él; y él, poniendo las manos sobre cada uno de ellos, los sanaba".

¿Puede imaginarlo? ¡Estaba ocurriendo un gran avivamiento! Pero en medio de estos sucesos asombrosos; Jesús hizo algo inesperado: "Cuando ya era de día, salió y se fue a un lugar desierto" (v. 42). Aunque estaban sucediendo todas estas cosas, para Jesús era prioritario apartarse a un lugar solitario, y estar en sintonía con la voz de su Padre. "Y la gente le buscaba, y llegando a donde estaba, le detenían para que no se fuera de ellos. Pero él les dijo: Es necesario que también a otras ciudades anuncie el evangelio del reino de Dios; porque para esto he sido enviado" (vv. 42-43).

Ahora debemos detenernos y pensar en esto: acabamos de leer sobre todos estos extraordinarios encuentros que sucedían en este pueblo. Ocurrían sanidades increíbles: Dios se estaba moviendo a toda velocidad. Y la multitud le pedía más a Jesús. Estaban algo así como: "Hombre, Jesús, ¡esto es asombroso! Déjanos traer algunos otros de nuestros amigos y familiares."

Jesús ama a la gente, por lo que estoy seguro de que sentía una punzada en su corazón. La multitud clamaba por Él, pero después de estar en sintonía con su Padre, Jesús supo lo que debía hacer. Cuando volvió, básicamente dijo: "Lo siento, muchachos, debo irme. Estos milagros y avivamientos y todo esto son grandiosos, pero no es el propósito principal por el cual fui enviado. Debo predicar el reino de Dios en algunas otras ciudades también."

La cosa es así: cuando se trata de perseguir la misión que Dios nos ha dado, si usted y yo no estamos en sintonía con la voz de Dios, solo oiremos la voz de la multitud y seremos agobiados por las presiones de la vida. Por eso es tan importante ayunar: porque elimina toda la mugre y el abarrotamiento que ahogan la voz de Dios. Como una estación de radio que no se oye claramente, todas las voces producirán estática y nos resultará difícil sintonizar *la* Voz que necesitamos oír.

Si no estamos alertas, confundiremos la voz de Dios con la voz de la muchedumbre o con otras voces tales como:

- la voz de la preocupación
- la voz de la culpa
- la voz de la necesidad
- la voz de la ambición
- la voz de la presión
- la voz del éxito
- la voz de los fracasos

> Muchos de nosotros estamos llenos del Espíritu Santo, pero no andamos en el poder del Espíritu respecto a la misión que Dios tiene para nuestras vidas.

Francamente, no todas las voces que oímos son negativas: algunas de ellas le pueden estar gritando cosas buenas. Pero a menos que estemos en sintonía y oigamos claramente, podemos acabar diciendo sí a lo *bueno,* pero perdernos lo de *Dios.* Y cuando usted pierde lo que Dios tiene en mente, pierde su mismísimo propósito o misión.

¿Qué habría sucedido si Jesús hubiera oído la voz de la multitud? Habría perdido su propósito principal y salido de la voluntad de su Padre celestial. Se habría conformado con una muy buena causa, porque aquellas voces estaban pidiendo más sanidad, liberación y bendiciones. Pero el propósito principal de Jesús en su ministerio terrenal no era sanar enfermedades y echar fuera demonios sino predicar el reino de Dios a la humanidad perdida. Jesús sabía que con tanta necesidad que había por todas partes, debía escuchar la voz de su Padre o elegiría equivocadamente lo que es bueno en lugar de elegir

> Podemos acabar diciendo sí a lo bueno, pero perdernos lo de Dios.

lo que es de Dios. Eso es exactamente lo que sucederá en nuestras vidas si no estamos en sintonía con Dios para oír su voz por encima de la voz de la muchedumbre.

La voz de la multitud no puede responder la pregunta: "¿Por qué está usted aquí?".

Cuando oye la voz de Dios, usted comienza a entender el propósito divino para usted y dónde se halla usted en relación con él. Entonces podrá establecer prioridades en su vida alrededor de ese propósito. Estar en ese lugar es liberador y le simplifica la vida. Entonces comienza a comprender algo fundamental de sí mismo: usted no está aquí en la tierra meramente para existir sino que, ¿qué cree?, fue enviado. Su vida entera cambiará cuando entienda que fue enviado aquí por Dios.

No sé cuál es el propósito específico en cuanto a su carrera, relaciones u otras cuestiones. Sí sé que todos somos llamados a ser testigos de Jesús. Cada creyente debe ser un ministro de reconciliación (2 Corintios 5:18-19), trayendo gente a Dios para que encuentre una relación con Él. Esto no quiere decir que usted deba dejar su trabajo e intentar trabajar para una iglesia: por favor, no haga eso. Pero lo que sí significa es que usted debería observar las actividades de su vida diaria y verlas como oportunidades para reconciliar a la gente con Dios por medio de Cristo. Es un llamado para todos nosotros, sin importar nuestra vocación.

Jesús dijo: "Me seréis testigos" (Hechos 1:8). No dijo que debemos *ir a testificar* sino que debemos *ser testigos*. Testificar no es algo que hacemos una vez por semana para cumplir un deber evangelístico. ¡De ninguna manera! Testificar debería ser un desbordamiento de nuestro amor por Dios que se derrama hacia la gente que nos rodea.

Cuando estamos ardiendo por Dios, nuestras vidas y actitudes tienen una cualidad de gozo y paz auténticos hacia los que la mayoría de la gente se siente atraída. Cuando usted entiende esto y tiene pasión por Dios y celo por ser su testigo, todo cambiará cuando vaya a trabajar. Sabrá que Dios lo envió allí con un propósito más alto. Cualquiera sea su trabajo o negocio o profesión, cuando esté cerrando el trato, realizando la venta, atendiendo al cliente, o lo que sea que esté haciendo, cuando entiende que Dios lo ha enviado primero a ser testigo, su perspectiva cambia por completo. Y por su productividad en el reino de Dios, las bendiciones lo seguirán. ¿Por qué no lo irían a hacer? Jesús es Aquel que dijo: "Mas buscad primeramente el reino de Dios y su justicia, y todas estas cosas os serán añadidas" (Mateo 6:33). Usted está glorificando a Dios con su vida y lo está poniendo en primer lugar. Dios quiere equiparlo con todo lo que necesita para tener una vida abundante, porque usted está realizando su propósito.

Puedo decirle por experiencia que no hay forma más emocionante de vivir la vida que entender que cada persona con la que se encuentre durante el día, cada encuentro casual, cada viaje a Starbucks es en realidad una potencial oportunidad para cambiar el curso de la vida de alguien y, posiblemente, al mundo. ¿Y si usted fuera el que tuvo parte en guiar al próximo Billy Graham a Cristo? Cuando usted arde por Dios, no puede evitar alcanzar a otros. Dará, se interesará, servirá e invitará gente a la iglesia porque Cristo está en usted, viviendo su vida.

> Usted no está aquí en la tierra meramente para existir sino que fue enviado por Dios.

Entiendo que no podemos forzar a la gente a aceptar a Dios. Debe ser un desbordamiento de nuestro amor por Dios y una respuesta a la guía del Espíritu Santo. Pero si usted no arde por Dios, no encenderá a nadie para Dios. Si no es feliz en Dios, no logrará que nadie lo sea. Por eso es tan importante tener un despertamiento, y el ayuno es parte clave de lograrlo. Cuando estamos de acuerdo y alineados, estaremos preparados para manejar nuestra misión de parte de Dios y las oportunidades que Él pone frente a nosotros.

Acuerdo. Alineación. Misión. Cuando estos tres operen juntos en su vida, usted despertará y experimentará avances importantes y milagros como nunca antes. ¡Caminará con un sentido de propósito que nunca creyó posible!

Historia de un despertamiento

Soltar la incredulidad

Durante doce años sufrí de endometriosis, una dolorosa enfermedad incurable que afecta el sistema reproductor femenino. Para ayudar a reducir el dolor fueron necesarias varias cirugías, pero inevitablemente la enfermedad volvía en un año o dos.

Todos mis médicos dijeron que probablemente nunca podría tener hijos dada la gravedad de mi afección y que mis únicas opciones de tratamiento eran cirugías de mantenimiento y altas dosis de analgésicos.

A solo unos pocos días de mi próxima cirugía, mi esposo y yo fuimos a la reunión de oración del viernes por la noche, reunión que inauguraba el evento El Despertamiento: 21 días de oración y ayuno en nuestra iglesia. Esa noche, el pastor Stovall anunció que realmente sentía que algunos de nosotros necesitábamos creer en la sanidad sobrenatural para nuestros cuerpos. Hasta ese punto, sinceramente sentía que la sanidad sobrenatural del cuerpo era solamente para gente de los tiempos bíblicos, o al menos para los cristianos "superespirituales" que tienen un asombroso don de fe.

Mientras trataba de apartar estos pensamientos de incredulidad y adorar, el Espíritu Santo comenzó suavemente, y después fuertemente, a darme convicción de mi incredulidad, a tal punto que no podía concentrarme en la adoración. El Espíritu Santo me inundó con la verdad de quién es Dios, su asombroso poder, y cómo anhela que yo crea, *realmente crea* que Él puede hacer *cualquier cosa* por sus hijos que lo aman.

Cuando me rendí a Dios por completo y le pedí que me diera la fe necesaria para creer que Él puede hacer cosas sobrenaturales en mí, comenzó a avivar en mi interior una fe que nunca había tenido antes. Al final de la reunión de oración, en mi corazón había resuelto creer que sería completamente sana de mi endometriosis.

Doce días después se realizó mi cirugía previamente programada. ¡Mi médico fue a remover todo el tejido enfermo y no encontró nada! No sabía cómo explicarlo, considerando que, según las cirugías anteriores, era una de las endometriosis más agresivas que los médicos habían encontrado que en alguien de mi edad. Todo lo que pudo decir fue que buscó la endometriosis por todas partes y lo único que pudo ver fue un sistema reproductor muy saludable y normal, unas palabras que nunca había oído antes. Estaba tan eufórica como se puede estar al salir de la anestesia y un poquito conmocionada y sobrecogida por la forma en que Dios se había movido.

Inmediatamente después de la cirugía, mi esposo llamó a David, uno de los pastores de la Iglesia Celebration, y le conté las fabulosas noticias. Nos dijo que esa noche, antes del servicio de oración del viernes por la noche, el pastor Stovall sintió que el Espíritu Santo lo instaba a cambiar el sermón que ya había preparado para el servicio. Sintió que Dios lo guiaba a hablar de los Evangelios, sobre cómo Jesús sanó a la mujer que había padecido flujo de sangre durante doce años. Después de investigar la clase de enfermedad que tenía esta mujer, ¡descubrió que los eruditos creen que tenía lo que hoy llamamos endometriosis!

Yo tenía veinticuatro años en el momento en que fui sanada, y al igual que la mujer de los Evangelios, Jesús me sanó de mi problema de sangrado después de doce años. Dios es tan bueno no solo por cómo me sanó, sino que también me dio esa confirmación extra de que yo tenía fe.

— **Dusty Williams**

9

Poder para su voluntad

ESTOY SEGURO DE que usted se puede identificar con esto: ¿Alguna vez se ha encontrado con que hay cosas que quiere hacer, pero que no tiene la fuerza de voluntad para hacerlas? ¿Hay cosas a las que en su corazón, les dice sí, pero no tiene la fuerza o energía para acompañarlo de acciones? Quizás Dios lo movió a dejar o alejarse de algunas cosas para que pueda estar de acuerdo con Él. Pero usted descubre que no es capaz de seguir adelante con su decisión, ya sea porque la tentación es demasiado fuerte o porque es fácilmente derrotado por el temor, la debilidad, o complete usted el espacio.

Todos hemos pasado situaciones así, y en un punto hemos sentido que estábamos perdiendo la batalla contra nuestras debilidades o defectos. ¡Realmente nuestra voluntad carecía por completo de verdadero poder! A veces llegamos a este punto en nuestro andar con Dios y sentimos que no tenemos muchas fuerzas para hacer lo necesario y avanzar en nuestra relación con Él.

A veces, apenas podemos reunir las fuerzas suficientes para obedecer a Dios o para ser disciplinados porque sabemos que debemos hacerlo y es lo responsable. Pero con toda franqueza nos parece más una obligación y un "tengo que". Es como si tuviéramos que forzarnos a ser sumisos, y nuestra respuesta carece de gozo y entusiasmo. Podemos estar haciendo lo correcto, pero realmente no lo estamos haciendo desde una posición de fuerza espiritual y pasión. ¡Hay una manera mucho mejor!

Pero no me malinterprete; por supuesto, obedecer a Dios y ejercitar

> Si no siente deseo de obedecer a Dios, algo anda mal en sus sentimientos.

la disciplina sin que importen nuestros sentimientos es correcto y muy importante. Tenemos una obligación y responsabilidad de obedecer a Dios y de vivir nuestras vidas para su gloria, aunque no sintamos ganas. No quiero minimizar eso. Cosechamos lo que sembramos, y cosecharemos cosas buenas cuando obedezcamos a Dios sin que importe cómo nos sentimos.

Así como cosechamos beneficios y nos sentimos mejor después de ir al gimnasio aunque no tengamos ganas, es bueno ir a la iglesia aun cuando no lo entusiasme la idea. Lo mismo aplica para la lectura de la Biblia, la oración, el servicio, el dar, o lo que sea que usted haga para Dios. En efecto, es una señal de madurez cristiana que usted sea capaz de hacer lo correcto o de ser disciplinado aun cuando no sienta deseos de hacerlo. Típicamente, si damos el primer paso y hacemos un esfuerzo por hacer lo correcto, los sentimientos lo seguirán.

Sin embargo, la obediencia y la disciplina basadas en la obligación deberían ser la excepción, no la norma.

Dios no nos creó para obedecerle sistemáticamente o para tener disciplina espiritual sin sentir deseo. En realidad, si le obedecemos por obligación, eso debería servirnos como la primera señal de advertencia de que es momento de volver a nuestro primer amor (Apocalipsis 2:4-5). Déjeme decirlo de esta forma: si usted no siente deseos de obedecer a Dios, algo anda mal en sus sentimientos. Mucha de nuestra enseñanza cristiana se centra en obedecer a Dios no importa cómo nos sintamos, pero la Biblia es clara en cuanto a que deberíamos sentir deseos de obedecer a Dios la mayor parte del tiempo. Aquí es donde entra en escena un despertamiento. Aquí es donde el ayuno juega un papel importante. Cuando usted experimenta un despertar con Dios, recobra sus sentimientos para obedecer a Dios y ser disciplinado. Recupera la fuerza de sus emociones y el poder de su voluntad.

A veces la gente tiene esta idea rara de que si hace algo para Dios cuando realmente no siente deseos de hacerlo, eso hace que la acción sea más santa. Mala idea. ¿Es esa la clase de obediencia que Dios quiere? ¿Estamos demostrando verdadero amor por Jesús cuando sus mandamientos nos parecen gravosos? No, Él quiere que hagamos esas cosas porque deseamos hacerlas, y por nuestro afecto hacia Él. Nuestra obediencia debería ser un desbordamiento, una consecuencia de nuestro amor y afecto interiores por Jesús. Recuerde, el cristianismo apasionado es la norma, no la excepción. Cuando usted está apasionado por Dios y no es "perezoso", mantiene su fervor espiritual y siente deseos de obedecer a Dios (Romanos 12:11). Aunque no nos guiamos por nuestros sentimientos, ellos son importantes. Fuimos creados a imagen de Dios y Él nos creó con emociones y sentimientos.

El pensamiento correcto conduce al sentimiento correcto. Y la forma correcta de pensar es renovar nuestras mentes en la Palabra de Dios. Cuando nos concentramos y meditamos en la Palabra de Dios, entendiendo cómo es Dios realmente y quiénes somos en Cristo, que es la forma correcta de pensar, entonces tendremos el sentimiento correcto.

Jesús dijo: "Llevad mi yugo sobre vosotros, y aprended de mí, que soy manso y humilde de corazón; y hallaréis descanso para vuestras almas; porque mi yugo es fácil, y ligera mi carga" (Mateo 11:29-30). Cuando los sentimientos que desencadenan nuestra respuesta a Dios comienzan a tornarse gravosos y no fluyen de la fuerza y el afecto espiritual, es la primera indicación de anquilosamiento. Significa que es tiempo de pulsar el botón de reiniciar y recuperar nuestros sentimientos por Dios. La mejor manera de hacerlo es a través de tiempos periódicos de oración y ayuno.

Cuando los sentimientos que desencadenan nuestra respuesta a Dios comienzan a tornarse gravosos y no fluyen de la fuerza y el afecto espiritual, es la primera indicación de anquilosamiento.

Cuando comencé a ayunar hace más de veinte años, una de las primeras cosas que descubrí fue que el ayuno me motivaba a obedecer a Dios. Descubrí que cuando ayunaba, mi cuerpo y mis acciones se alineaban con aquello a lo que asentía en mi corazón. Ayunar le devolvió el poder a mi voluntad. Produjo en mí el combustible para la obediencia que comenzó a impulsar mi vida.

Rápidamente descubrí que este principio encerraba la clave para soltar el poder de Dios en otras áreas de mi vida. Además de la obediencia y el fortalecimiento de mi relación personal con Dios, el ayuno también me proveyó combustible cuando se trataba de cualquier otro cambio de estilo de vida que me haría avanzar en glorificar aún más a Dios. Ya fuera leer más la Biblia, mirar menos televisión, comer sano, hacer ejercicio, pasar más tiempo de calidad con mis hijos y mi familia, o incluso destinar días para descansar, el ayuno alimentó mi voluntad. Tenía la energía para alinear mis acciones con lo que sentía en mi corazón que Dios me instaba a hacer.

La razón por la que el ayuno tiene el potencial para hacer esto de forma tan poderosa es porque cuando acallamos las demandas de nuestra carne y nos acercamos a Dios, soltamos el poder del Espíritu Santo que vive en nuestro interior. Solo mediante su poder somos capaces de hacer lo que Dios nos llamó a hacer. Su poder nos capacita para vivir nuestras vidas con gozo, como deberíamos, y para vencer los temores y obstáculos que nos detienen. ¡Ese es el poder que todos necesitamos para alimentar la fuerza de nuestra voluntad!

Cuando el poder de Dios está fortaleciendo su voluntad, usted tiene verdadero poder. Orar y ayunar traen el poder de Dios a su voluntad para que el "nuevo hombre" viva y el "viejo hombre" muera (Efesios 4:22-24). La mejor parte es que este alimento está al alcance de nuestra mano por medio del poder del Espíritu Santo y de su Palabra.

USTED TIENE UN ESPÍRITU DISPUESTO

Jesús advirtió a sus discípulos (y a nosotros también): "Velad y orad, para que no entréis en tentación; el espíritu a la verdad está dispuesto, pero la carne es débil (Mateo 26:41). Creo que a menudo nos centramos en la parte que dice "la carne es débil" y pasamos por alto la primera parte de la declaración de Jesús: "El espíritu a la verdad está dispuesto". De hecho, muchos cristianos se acostumbran a una mentalidad de carne débil convirtiendo en su norma el patrón de servidumbre y obediencia por obligación. Acaban atascados y creen que deben sentirse así porque su "carne es débil".

Ahora bien, aunque es verdad que nuestra carne es débil, no fuimos hechos para vivir según el potencial de nuestra propia fuerza, o la falta de ella. Sabemos que nuestra carne es débil: ¡por eso necesitamos a Jesús! Entonces, cuando estamos en sintonía con esa debilidad, necesitamos cambiar de foco y recordar que el espíritu está dispuesto. El ayuno hace que la disposición de nuestro espíritu se imponga sobre nuestra mente, voluntad y emociones. El ayuno ayuda a que el poder del Espíritu se active y vuelva a actuar en nuestro pensamiento y nuestras acciones.

"El espíritu a la verdad está dispuesto" significa que un espíritu nacido de nuevo está dispuesto a hacer las cosas que glorifican a Dios "y siempre de manera "dispuesta". Como creyentes, sabemos que cuando aceptamos a Jesús como nuestro Salvador, el Espíritu Santo viene a habitar en nosotros. En ese momento, recibimos todo lo que siempre necesitaremos en lo concerniente a una vida de justicia o santidad (2 Pedro 1:3).

Es ese poder, el poder del Espíritu Santo que vive en nosotros, el que siempre nos persuade y nos señala el camino hacia Dios. Y siempre está listo y dispuesto a que esa actitud de "querer" actúe en nuestras acciones y sentimientos. Además, Jesús no dijo que "quizás esté" o que a veces "estará" dispuesto. No, Él dijo que el Espíritu "está dispuesto". *Todo el tiempo.* Nunca tiene momentos en que no sienta el deseo de servir u obedecer a Dios.

A menudo nos centramos en la parte que dice "la carne es débil" y pasamos por alto la primera parte: "El espíritu a la verdad está dispuesto".

Como creyentes en Cristo entonces, nos estamos conformando con mucho menos que lo mejor de Dios y, en efecto, estamos desperdiciando energía cuando constantemente tratamos de persuadirnos a nosotros mismos de hacer lo correcto. El Espíritu Santo en nuestro interior ya nos persuade y nos alienta con gozo y fuerza y poder para hacer todo lo necesario. Cuando ayunamos, soltamos más de ese poder que está en nuestras vidas y nuestro estilo de vida se alinea con la disposición de nuestro espíritu.

En lo que respecta a mi tiempo devocional o a ciertas áreas de mi vida, si empiezo a sentir que no tengo deseo de obedecer a Dios, sé que es momento de ayunar. Sí, sigo obedeciendo a Dios cuando no siento deseo de hacerlo, pero sé que esa obediencia gravosa debería ser la rara excepción, no la norma.

Jesús caminó en tremendo poder y absoluta disposición de obedecer a Dios. Cuando fue tentado en el desierto, venció por completo las tentaciones de Satanás. Y observe que esto sucedió inmediatamente después de que Jesús había orado y ayunado. En efecto, describió que este alimento para la obediencia lo investía de poder:

> Entonces Jesús fue llevado por el Espíritu al desierto, para ser tentado por el diablo. Y después de haber ayunado cuarenta días y cuarenta noches, tuvo hambre. Y vino a él el tentador, y le dijo: Si eres Hijo de Dios, di que estas piedras se conviertan en pan. El respondió y dijo: Escrito está: No solo de pan vivirá el hombre, sino de toda palabra que sale de la boca de Dios. (MATEO 4:1-4)

Entonces ¿qué quiso decir Jesús cuando dijo que "no solo de pan vivirá el hombre, sino de toda palabra que sale de la boca de Dios"? Por supuesto que quiso decir que la Palabra de Dios es la fuente de toda verdad, vida y fuerza. Pero es interesante cómo relacionó la Palabra de Dios con la comida. Para que la gente desee comida, tiene que tener hambre de ella.

La comida nos da el combustible o energía para vivir y estar saludables. Podemos identificarnos con eso. Pero lo que Jesús quiso decir es que para alimentarse de su Palabra, primero debe tener hambre de ella. Aunque Jesús tenía un apetito natural y tenía mucha hambre de pan natural, estaba hablando de su hambre por su verdadera fuente de energía; su alimento o combustible espiritual. Esta era el hambre que impulsaba sus decisiones y alimentaba su obediencia a su Padre. En esencia estaba diciendo: "Tengo un hambre; tengo un impulso interior que el alimento natural no puede satisfacer. Vivo de otra clase de pan".

El ayuno despierta su hambre por Dios.

En estos versículos a menudo nos centramos en la Palabra de Dios pero olvidamos el componente hambre. Entendemos que debemos alimentarnos de la Palabra de Dios, pero para hacerlo eficazmente, debemos tener hambre de Dios. Cuando tiene pasión por Dios, tiene hambre de Él. Dios quiere darle un hambre que solo Él puede satisfacer. Esto nos da el poder para vencer la tentación y obedecerlo con una constante actitud de "querer". Cuando esa hambre realmente despierte en usted, ya nada más lo satisfará. El ayuno despierta su hambre por Dios. Cuando usted acalla su apetito natural, se despierta su apetito espiritual. Tiene pasión por recibir más de Dios y su deseo de Él se hace mayor que sus otros deseos.

Cuando se trata de lidiar con la tentación y el pecado, creo que uno de los mayores problemas que encontramos es que nuestra solución típica consiste en aferrarnos más fuertemente a nuestro conjunto de creencias. Ahora bien, como Jesús dijo, por supuesto que la Palabra de Dios y nuestros sistemas de creencias son sumamente importantes. Pero no debemos olvidar el componente hambre. Esta hambre que trae una pasión y un deseo por Dios por sobre todas las cosas. Es parte de lo que Jesús estaba diciendo en Mateo 4:1-4. *Debemos* experimentar hambre de Dios. Porque cuando se trata de vencer la tentación sistemáticamente, nuestro sistema de creencias debe tener poder que lo respalde. El hambre de Dios es lo que impulsará las decisiones en nuestras vidas y nos capacitará para mantenernos fieles a su Palabra.

Permítame explicarle cómo funciona.

EXPERIMENTAR EL PECADO FRENTE A EXPERIMENTAR A DIOS

Una de las razones por las que el pecado es tan poderoso es que es una experiencia. La gente no aprende sobre el pecado, lo experimenta. Y una experiencia le ganará cada vez al conocimiento mental.

Mire mi historia por ejemplo. Antes de conocer a Cristo, estaba metido de lleno en el mundo de la juerga. En lo relacionado con la cocaína y la bebida que tomaba, no solo aprendí sobre todas esas cosas: las experimenté. No me metí con la cocaína por estudiar su estructura molecular y cómo afectaba mis vías neurales: experimenté sus efectos. No me importaban en absoluto las moléculas y la química y de dónde venía la coca. Solo sabía lo que me hacía sentir. Para mí era real porque la experimentaba.

Para intentar vencer esa experiencia, un mero conjunto de creencias o aprender acerca de Dios no me habrían servido de nada. De hecho, una gran pregunta que tenía cuando estaba tratando de decidir si realmente quería seguir o no a Dios era: *¿Puede Dios hacerme sentir igual de bien? ¿Puedo experimentarlo al igual que otras cosas de la vida?* ¡Gracias a Dios la respuesta fue un rotundo *sí*! Porque la única forma en que vencí el poder de esa experiencia de pecado fue experimentando a Dios.

No se puede vencer un pecado solamente con un conjunto de creencias o con aprender acerca de Dios. Usted debe *experimentar* a Dios.

Cuando desperté y sentí a Dios, se despertó un hambre muy fuerte en mi interior. Ya no quería seguir experimentando el pecado. Ya no podía satisfacerme como Dios lo hacía. Pero no podía solamente aprender acerca de Dios; debía experimentarlo y tener hambre de Él. Y una vez que esto pasó, todo cambió. Porque mientras que el pecado es una experiencia, Dios es una experiencia todavía más grande: la única que realmente satisface.

Lo único que realmente puede contrarrestar la tentación de experimentar el pecado es experimentar a Dios "No os ha sobrevenido ninguna tentación que no sea humana" (1 Corintios 10:13). La palabra *tentación* en este contexto en realidad significa "una puesta a prueba de experiencias". Nos da el concepto de poner a prueba dos experiencias y compararlas para ver cuál es la mejor.

Si la gente en verdad experimenta a Dios y su presencia, elegirá a Dios por sobre cualquier tentación de pecado. Porque cuando esas experiencias se someten a comparación, Dios gana en cada oportunidad. Cuando "[probamos] y [vemos] que el SEÑOR es bueno" (Salmos 34:8, NTV, adaptación añadida), Él nos llena de todo lo que necesitamos y quedamos profundamente satisfechos. Ya no tendremos hambre de experimentar el pecado, sino a Dios.

La palabra *sobrevenido* en el pasaje de 1 Corintios no se refiere a esos pecados de errarle al blanco que todos cometemos, esto es algo que se ha apoderado de usted antes. Tiene su número, y no deja de llamar. Pero incluso el poder de algo en este nivel disminuye cuando usted experimenta a Dios. El atractivo de esa tentación ya no tendrá poder alguno sobre usted, porque la experiencia con Dios gana en cada oportunidad. Pero sin experimentar a Dios en nuestros sentimientos y emociones, lo que hace que nuestras experiencias sean auténticas, no hay competencia real para esa experiencia de pecado.

Por eso es tan importante que la gente joven sienta y experimente la presencia de Dios, no solo que aprenda acerca de Él. En la juventud todo tiene que ver con sentimientos y experiencias. Si no pueden probarlo, sentirlo, y experimentarlo, entonces no es real para ellos.

Cuando sienten y experimentan la vida y el pecado todos los días y después se les dice que solo deben aprender acerca de Dios, hay una total desconexión de su realidad. Pero cuando realmente experimentan a Dios, Él se hace real para ellos, y Él es mucho mejor que las experiencias que el mundo les ofrece.

Una excelente forma de hacer esto es crear más oportunidades para que experimenten a Dios en sus vidas. Plantarlos en una iglesia local, compartir su sabiduría e historias con ellos, y vivir el evangelio como un ejemplo que ellos puedan ver.

El verdadero cristianismo tiene que ver con experimentar a Dios. Las relaciones se construyen sobre la confianza y la experiencia. Eso es la fe, una relación con Jesús. El cristianismo es una relación, una experiencia, un sistema de creencias, y un estilo de vida, todo en nuestro Señor y Salvador Jesucristo. No puede separar estos componentes. Están todos interconectados y son cruciales para su fe y su crecimiento espiritual.

En esto consiste el despertamiento: una inmersión en la experiencia de Dios que llega a ser un estilo de vida. ¡Y es adictiva! El ayuno lleva su experiencia con Dios y su hambre de Él a un nivel completamente nuevo.

A Dios le encanta mostrarse fuerte. Déle una oportunidad para competir realmente en los corazones de la humanidad, y Él dará lo que nadie más puede dar: amor verdadero. Demostrará que realmente solo Él puede satisfacer.

Experimentar a Dios es la máxima experiencia.

Historia de un despertamiento

Una transformación total de vida

En mi corazón, siempre sentí que era una buena persona. Pero las circunstancias que rodearon mi niñez de alguna forma me llevaron a un lugar que no quería. Crecí rodeado por la disfunción y el alcoholismo, y fui abusado sexualmente por un familiar cuando tenía aproximadamente siete años de edad. Eso inició un patrón de conducta que me condujo al uso de drogas, a la promiscuidad sexual y al comportamiento abusivo, todo porque sentía que debía probarme a mí mismo cuando era joven.

A los doce años, comencé a asistir a la iglesia con mis abuelos y un entrenador de béisbol de la Liga Infantil. Sentí que Dios tocaba mi corazón, y respondí, aceptando a Jesús como mi Salvador, pero no entendía exactamente qué estaba sucediendo. Sentía que Dios me urgía, pero no empecé realmente a vivir mi vida por completo para Dios.

En tan solo unos pocos meses, me estaba juntando con la gente equivocada, y en el curso de varios años, mi vida lentamente comenzó a caer en un patrón de autodestrucción y tristeza. Perdí mi oportunidad de recibir una beca de béisbol debido a una enfermedad, y cuando ese sueño terminó, me metí de lleno en las drogas, y ahora incluso vendía cosas como marihuana, éxtasis, cocaína, analgésicos y otras.

Aún no podía ver la bondad de Dios en mi vida, incluso cuando me salvé después de que me apuñalaron en el rostro y en la garganta a unas pulgadas de la yugular. Mi uso de drogas comenzó a incrementarse y se convirtió en el principal foco de atención de mi vida.

Entonces conocí a un buen amigo que me invitó a jugar en la liga de sóftbol de la iglesia. Me encantaban los deportes, y acepté aunque mi vida estaba llena de locura. Durante la tercera temporada, recuerdo que pensé que había jugado en el equipo de la iglesia por dos años, pero nunca había pisado la iglesia. Sentí un suave tirón de Dios de que debía ir.

La única iglesia que siempre conocí significaba cantar de himnarios y dormirse en los bancos. Pero la primera vez que pisé la Iglesia Celebration, fue obvio que era distinta, y sabía que era un lugar al que podía volver.

Entregué mi vida al Señor un domingo mientras estaba realmente drogado en la reunión. Pero no podía dejar las drogas por mi propia fuerza. Fue una lucha muy grande para mí, y sentía que iba y venía durante meses, reentregando mi vida cada dos semanas, al parecer. Le daba mi vida al Señor un domingo y el lunes volvía nuevamente al yugo.

No obstante, seguí viniendo e incluso decidí unirme a un grupo pequeño de solteros de la iglesia. Comencé a rodearme de otros cristianos. Pero en este punto de mi vida, usaba OxyContin las veinticuatro horas, vivía con mi novia, tenía un negocio que se estaba cayendo a pedazos, salía a beber sin parar, y así y todo me metía en la Palabra cada día. Solía quedarme levantado hasta tarde estudiando la Biblia. Por alguna razón, sabía que había esperanza.

Entonces me enteré de que estábamos iniciando un periodo de oración y ayuno en la iglesia. Toda la gente de mi grupo de solteros iba a participar, así que los seguí e intenté ayunar. Ese día no me drogué y no comí nada. Solo bebí jugo y agua. Entonces en una de las noches de oración, recuerdo que estaba en medio de la adoración con mis manos levantadas alabando a Dios cuando el pastor Stovall dijo: "¿Pueden creer que hemos estado orando durante una hora y media?". Yo no podía creerlo. ¡Me habían parecido apenas unos quince minutos! Luego, preguntó si alguien quería pasar al frente a recibir su don de lenguas. No tenía idea de qué era eso, pero estaba dispuesto a todo en ese momento.

Alcé la vista y le dije a Dios: "Si esto viene de ti, necesito que me lo muestres ahora mismo". De pronto sentí como si alguien derramara un balde con cinco galones de miel sobre mi cabeza que me chorreaba por todo el cuerpo. No me podía mover. Experimenté a Dios de manera tan impactante esa noche y recibí el don de lenguas de oración.

Durante las siguientes semanas, me armé de valor para confesar a mi grupo pequeño las cosas con las que había estado luchando. Oraron por mí, y recibí el don de lenguas por completo. No he tocado una droga desde entonces.

Muchos meses después, estaba ayudando en el ministerio de solteros y le había estado pidiendo a Dios que me ayudara a encontrar la chica correcta. Participé del siguiente ayuno y, el primer día, sentí que me reveló quién era: una de las chicas que conocía de nuestro grupo. Nos comprometimos detrás de la cruz la primera noche de oración y nos casamos una semana después. Ambos sabíamos que era algo totalmente de Dios.

Haley y yo nos casamos con ciento cincuenta dólares en nuestra cuenta corriente y con sesenta mil dólares de deuda. En un año y medio, pagamos veintiséis mil dólares de la deuda y teníamos más de veintiocho mil en el banco. Comparto esto porque estuve casi en bancarrota, pero el día que comencé a diezmar, mi negocio dio un giro de ciento ochenta grados. Dios me sigue bendiciendo y mostrándose fiel a sus promesas.

Espero que la vida de alguien pueda ser cambiada por mis experiencias con Dios. Si Dios pudo rescatarme de toda la basura que tenía en mi vida, puede rescatar a cualquiera.

— SCOTT REVELS

10

No hay vuelta atrás

UNA VEZ QUE usted despierta a Dios y ha recuperado el hambre, la pasión y la frescura en su relación con Jesús, es importante conocer unos cuantos principios prácticos para evitar volver a caer en sus antiguos patrones o luchas. Tenga la seguridad de que cuando usted camine en su recién descubierta libertad, el enemigo seguirá usando sus viejos trucos para tratar de derribarlo. En el libro de Hebreos encontramos un excelente consejo sobre esto:

> Por tanto, teniendo un gran sumo sacerdote que traspasó los cielos, Jesús el Hijo de Dios, retengamos nuestra profesión. Porque no tenemos un sumo sacerdote que no pueda compadecerse de nuestras debilidades, sino uno que fue tentado en todo según nuestra semejanza, pero sin pecado. Acerquémonos, pues, confiadamente al trono de la gracia, para alcanzar misericordia y hallar gracia para el oportuno socorro (4:14-16).

Aunque Jesús nunca pecó, sí experimentó lo que era tener un cuerpo humano con los mismos cinco sentidos que todo el mundo tiene. Él entiende cuán poderosa puede ser la voz de la tentación. Sé que probablemente usted piense: *¿Qué quiere decir con eso de que Jesús fue tentado en todo como nosotros? En ese entonces no existía la pornografía en la Internet, ¡Hoy en día tenemos muchas más oportunidades de ser tentados!* Es cierto, puede haber diferentes formas de cosas que nos tientan hoy en día, pero recuerde que nuestras modernas tentaciones siguen proviniendo de "los deseos de la carne, los deseos de los ojos, y la vanagloria de la vida" (1 Juan 2:16). El plan de juego de Satanás en realidad no ha cambiado. A lo largo de los años su apariencia ha ido cambiando, pero sigue siendo la misma cosa.

Gracias a Dios, la Biblia también dice que "cuando el pecado abundó, sobreabundó la gracia" (Romanos 5:20). Mientras Jesús sea el Señor de su vida, no importa si ha tropezado cien veces o mil veces. Dios lo ama y lo perdona. Él está de su parte. Después de completar el "Plan de El Despertamiento de 21 días" notará importantes avances en su área de lucha y gozará de libertad. Pero Dios no solo quiere que usted sea libre, sino que permanezca libre. ¡Él quiere que venza! Sea lo que fuere lo que lo dominaba, mediante el poder y la gracia de Dios ¡usted puede controlarlo!

Hablemos por un momento de la tentación y cómo viene a nosotros. Hay dos pasajes de las Escrituras que deseo desmenuzar. Al estudiarlos juntos, descubrimos algunos principios claves para ser y permanecer libres.

Primero, en Santiago 1:14 vemos que la tentación en realidad comienza mucho antes de que tenga lugar el acto pecaminoso: "Sino que cada uno es tentado, cuando de su propia concupiscencia es atraído y seducido". Entonces, antes del acto pecaminoso, tiene lugar una atracción.

A continuación, veamos lo que dice 1 Corintios 10:12-13:

> Por tanto, el que cree que está firme, tenga cuidado, no sea que caiga. No os ha sobrevenido ninguna tentación que no sea común a los hombres; y fiel es Dios, que no permitirá que vosotros seáis tentados más allá de lo que podéis soportar, sino que con la tentación proveerá también la vía de escape, a fin de que podáis resistirla (LBLA).

Entonces aquí vemos que, en efecto, podemos elegir la vía de escape, y en Santiago 1:14, vemos que la tentación comienza cuando usted es atraído y seducido por sus propios deseos. Por cierto, es precisamente por esta razón que su deseo (pasión) por Dios debe estar por encima de todo otro deseo. El despertamiento pone su pasión y deseo por Dios por encima de todo otro deseo para que usted recupere su libertad y el poder de elegir. ¡Entonces elija bien! Tome decisiones y haga elecciones correctas que se alineen con la Palabra de Dios y aténgase a ellas. Al hacerlo está eligiendo la vía de escape mencionada en 1 Corintios 10:13 antes de que la oportunidad de pecar se presente siquiera.

Esto nos lleva a otro principio clave: podemos elegir nuestra vía de escape mucho antes de que la tentación se torne insoportable. Recuerde, una vez que complete el "Plan de El Despertamiento de 21 días", habrá recuperado su hambre por Dios y fortalecido su voluntad. Estará en buen estado espiritual para elegir bien, tomar decisiones positivas, y establecer algunos límites saludables que pueda sostener en el futuro.

Usted podrá mantenerse espiritualmente fuerte si decide qué es correcto hacer según la Palabra de Dios y luego mantiene esa decisión por el resto de su vida. Una vez que lo haga, podrá protegerse sin que importe la etapa de la vida o las circunstancias en que se encuentre, o incluso si lo golpea un momento de debilidad. Usted no debería redecidir las cosas según el momento. Lo decide una vez y luego mantiene esa decisión.

Esto es como decidir que va a apasionarse por Dios y que abrazará un estilo de vida de devociones y ayuno. Lo decide una vez y luego mantiene esa decisión por el resto de su vida. O decide que lo correcto es ser fiel a una iglesia local, y mantiene esa decisión por el resto de su vida.

> Podemos elegir nuestra vía de escape mucho antes de que la tentación se torne insoportable.

También es el primer paso cuando se trata de mantenerse libre y vencer la tentación. La Biblia dice que Dios proveerá una "vía de escape". Pero la vía de escape de Dios comienza con las decisiones y los límites que implementamos antes de que se nos presente siquiera la oportunidad de pecar. Cuando usted es libre y espiritualmente fuerte, ese es el momento de tomar la decisión y de implementar esos límites, si es que ya no están allí, y atenerse a ellos.

Piense cómo este principio ya opera en su vida. Espero que no se levante cada mañana y piense: *Me pregunto si debería ir a trabajar hoy. Veamos… ¿Qué hay en la televisión? ¿Qué más desearía hacer en vez de ir a trabajar? Quizás me quede en casa.* Por supuesto que no hace eso. Decide una vez cuando consigue su trabajo que irá a trabajar todos los días. De lo contrario, ¡imagine lo improductivo (y desempleado) que sería! Usted decide una vez y luego mantiene esa decisión. No importa lo lindo que esté el clima ese día o qué otras oportunidades se le presenten, o lo que sus amigos estén haciendo. Tiene un trabajo, entonces va a trabajar. Caso cerrado.

Ahora tome ese mismo principio y aplíquelo a la tentación. Digamos que está intentando dejar un estilo de vida fiestero, y su fuego arde por Dios y le está yendo grandioso. Uno de sus amigos los invita a usted y a unos cuantos amigos a un lugar tipo *bar & grill* después del trabajo. Usted va, pero cuando está en el bar lo invitan a tomar un par de cervezas a un club nocturno. Inocentemente, usted va y planea beber solo una cerveza, pero acaba bebiendo tres y no mucho después alguien lo invita a su casa para una fiesta posterior. Muchos de sus colegas van, y usted decide pasar unos minutos. Cuando llegan, resulta ser algo más que una fiesta. Se queda hasta tarde, y entonces, después que la mayoría se fue, sacan las drogas. ¿Qué hace usted? Es momento de orar. Probablemente algo como esto: "¡Dios, dame la vía de escape! ¡Sácame de esto! Me está yendo grandioso, pero ahora esto es difícil de resistir".

¡Noticia de última hora! Su vía de escape no estaba en la tercera fiesta cuando pusieron las drogas sobre de la mesa. Su vía de escape estaba cuando lo invitaron a beber unas cervezas a ese club nocturno. Usted debió haber dicho: "No, gracias" en ese momento, sabiendo que la próxima parada podía exponerlo a la tentación.

Despertar y tener hambre de Dios no significa que deba forzar los límites de su libertad. Siempre seremos susceptibles a la tentación. Jesús ejemplificó esto en el desierto cuando después de reprender a Satanás dos veces, su siguiente comentario fue: "No tentarás al Señor tu Dios" (Lucas 4:12). Aunque tenga pasión por Dios y lo impulse el hambre por Él, no crea que puede extralimitarse porque ya no será suceptible de ser tentado. Mientras viva en un cuerpo humano, el espíritu estará dispuesto pero la carne será débil (Marcos 14:38). Elegir la vía de escape es algo que debe hacer antes de que la oportunidad se presente de lleno.

Tomemos la pornografía como otro ejemplo. Si este es su problema, entonces una vía de escape no es que primero lo encuentren cuando ya está solo en su habitación a un clic de distancia de la página web equivocada. La vía de escape es ponerle un filtro a la Internet de su computadora, ponerla en una habitación pública de la casa, e integrar un grupo o tener un amigo con quien pueda abrirse y ante quien pueda responder en esa área.

Si su problema es la pureza sexual en una relación de noviazgo, su vía de escape probablemente no se presente cuando estén solos, besándose en una habitación oscura a las 2 de la mañana. ¿Ve lo que digo? La vía de escape vino alrededor de la medianoche cuando la llevó a su casa después de su cita y vio que su compañera de cuarto no estaba allí. (Pista: Despídase en la puerta.) Para encontrar su vía de escape usted debe decidir por adelantado cuáles serán sus límites.

Uno de los mayores errores que cometemos es cuando nos permitimos caminar al filo de la tentación. Realmente es como caminar por el borde de un acantilado; solo se necesita una pequeña ráfaga de viento para arrojarnos por el precipicio. Pero seguimos caminando por el borde y orando: "Dios ayúdame". Y Dios está diciendo: "Aléjate del borde del precipicio, ¡genio! Ni siquiera deberías estar de ese lado de la montaña. Ven aquí y camina junto a mí".

> Elegir la vía de escape es algo que usted debe hacer antes de que la oportunidad se presente de lleno.

ESTÉ ATENTO Y SOPORTE

Jesús dijo: "Velad y orad, para que no entréis en tentación" (Marcos. 14:38). No dijo que solamente "oremos" respecto de la tentación; dijo "velad". Esté atento a la vía de escape. Tome la decisión de establecer los límites que sean necesarios. Esto lo pondrá en posición de mantenerse libre y ser capaz de soportar cuando la tentación venga para hacer que viole esos límites.

> Cuando venza la tentación, usted alcanzará un nuevo nivel de autoridad espiritual.

Dios le dará el poder para mantenerse fiel a esos límites y decisiones que ha tomado cuando se sienta tentado a violarlos. Y usted será recompensado por soportar la tentación. Santiago 1:12 dice:

"Bienaventurado el varón que soporta la tentación; porque cuando haya resistido la prueba, recibirá la corona de vida, que Dios ha prometido a los que le aman".

Mediante un despertamiento con Dios y tomando las decisiones correctas, usted vencerá y Él le dará la corona de la vida. En el cielo ocurrirá el cumplimiento literal de este versículo donde recibiremos coronas y las pondremos a los pies de Jesús. Pero también hay un cumplimiento presente.

Piénselo: una corona representa autoridad. Los reyes llevan coronas porque están al mando. Por esta razón Jesús será coronado con muchas diademas (Apocalipsis 19:12). Él tiene toda autoridad.

Una de las cosas que Santiago 1:12 está diciendo es que, cuando venza la tentación, usted alcanzará un nuevo nivel de autoridad espiritual. Por la gracia de Dios, dominará lo que alguna vez lo dominó a usted y cambiará la muerte que eso le traía por la vida de Dios. Pero la clave es su pasión por Dios. Tener la experiencia con Dios quiebra la fuerza de la experiencia con el pecado. Dicho en términos simples, usted estará más apasionado por Dios que por el pecado. No querrá arruinar su colocón con Dios con algún sustituto barato que no satisface.

Por medio del "Plan de El Despertamiento de 21 días", no solo será libre, sino que se mantendrá libre si decide elegir a tiempo la vía de escape.

Historia de un despertamiento

Rescatada por el amor de Dios

Cuando me mudé a Jacksonville, Florida, estaba en una situación de quebrantamiento emocional. Estaba embarazada de cinco meses, y todo lo que poseía estaba en el baúl de mi coche. Acababa de terminar una relación de siete años que había fracasado debido a nuestro estilo de vida alocado. El era corredor de carreras callejeras y yo era moza en un bar.

Yo luchaba con el alcohol y sentía que mi valor provenía de mi aspecto. Cada mala decisión que había tomado me había traído adonde estaba. Tenía una enfermedad venérea incurable y ninguna autoestima, y ahora debía empezar de nuevo como madre soltera. Sentí que había arruinado mi vida, y todo lo que me preguntaba era cómo había llegado a ese punto.

Cuando iba conduciendo camino a Jacksonville, le dije a Dios que hiciera su voluntad en mi vida. Le dije que haría lo que Él quisiera. Solo sabía que necesitaba desesperadamente un nuevo comienzo.

Mi primer fin de semana en Jacksonville, asistí a la Iglesia Celebration y desde entonces mi vida no fue la misma. Poco después, oí el anuncio de que iba a comenzar el despertamiento: 21 días de oración y ayuno. Aunque estaba embarazada, quería participar de alguna forma. Entonces decidí hacer ayuno de la música secular que había escuchado toda mi vida. En su lugar, escuché sermones y alguna música de adoración que mi hermana me había dado. Debo haber escuchado las mismas cinco canciones una y otra vez durante el ayuno.

En la última noche de oración para concluir el ayuno, fui al altar y pedí que Dios me concediera su favor y me sanara de mi enfermedad. Puedo decir con orgullo que mi cuerpo fue completamente sanado, he permanecido sexualmente pura, y así lo haré hasta casarme.

El ayuno cambió mi vida y estableció el fundamento para mi relación con Cristo. Entonces ni siquiera lo sabía, pero la música secular tenía una fortaleza en una de las mismísimas áreas para la que fui creada. Después del ayuno, me deshice de más de doscientos cincuenta CD en mi grupo pequeño de la iglesia, y ahora sirvo en el equipo de adoración, ¡guiando a otros a experimentar la presencia de Dios en adoración!

La oración y el ayuno se han convertido en parte de mi andar con Dios. El amor de Dios por mí es evidente en mi vida y su historia de amor para rescatarme es algo que jamás voy a olvidar. Amo mi vida, amo ser mamá, me encanta ser parte del Cuerpo de Cristo, sirvo con alegría en el equipo de adoración, confío plenamente en Dios como mi proveedor y doy el diezmo.

Por sobre todas las cosas, sé que soy amada y valgo ante los ojos de Jesucristo que murió por mí.

— Cassia Wern

Ayunar para su salud

La mejor de todas las medicinas es descansar y ayunar.
— Benjamín Franklin

LOS BENEFICIOS FÍSICOS del ayuno son ampliamente conocidos. Admito que perder peso es un beneficio natural del ayuno, y es uno que muchos, yo incluido, recibimos con agrado. También he conocido médicos que recomiendan ayunar por razones médicas, y es totalmente comprensible, ya que tiene tremendos beneficios para su cuerpo. Ahora en los Estados Unidos incluso hay clínicas donde la gente va a ayunar por razones de salud. Además de los beneficios espirituales, ayunar como prescripción para la salud no tiene absolutamente nada de malo.

Para comenzar, déjeme decir que, obviamente, no soy médico. La información sobre los beneficios físicos del ayuno que comparto aquí con usted es lo que he descubierto mayormente por experiencia personal. Antes de hacer del ayuno una disciplina espiritual regular, lo animo a visitar a su médico de cabecera para considerar un plan de ayuno personalizado. Su médico sabrá su historia clínica y le aconsejará no solo si debe ayunar, sino cómo debería hacerlo.

Uno de los principales beneficios físicos del ayuno que descubrí es que en forma muy parecida a nuestra alma, cuando ayunamos, nuestros cuerpos se reinician. Sencillamente, nuestros cuerpos necesitan descansar de tiempo en tiempo, y ayunar es una de las mejores maneras de hacerlo. Aun quienes cuidan su salud física razonablemente bien con una dieta adecuada y ejercicio regular pueden beneficiarse pulsando el botón de reiniciar físico de vez en cuando.

Además de los beneficios espirituales del ayuno, la Biblia también menciona muchos de los beneficios físicos. Veamos Isaías 58:

> ¿No es más bien el ayuno que yo escogí, desatar las ligaduras de impiedad, soltar las cargas de opresión, y dejar ir libres a los quebrantados, y que rompáis todo yugo?
> ¿No es que partas tu pan con el hambriento, y a los pobres errantes albergues en casa; que cuando veas al desnudo, lo cubras, y no te escondas de tu hermano?
> Entonces nacerá tu luz como el alba, y tu salvación se dejará ver pronto; e irá tu justicia delante de ti, y la gloria de Jehová será tu retaguardia.
> Entonces invocarás, y te oirá Jehová; clamarás, y dirá él: Heme aquí (vv. 6-9)

En este pasaje Dios habla acerca de la libertad del pecado, adicciones, y opresión (v. 6). También menciona lo que la libertad interior va a producir: una pasión por servir a otros (v. 7). ¿Observó el principio del despertamiento allí? ¡Debe ser libre y apasionarse por Dios antes de poder hacer libre a otros! Y después Dios habla sobre la sanidad y la justicia (v. 8). Se refiere no solo a la sanidad espiritual sino a la sanidad y renovación física, lo cual es algo que el ayuno provoca en el cuerpo.

Dios diseñó el ayuno como una medicina en sí mismo. Existen varios libros excelentes en su tienda naturista que tratan sobre todos los beneficios del ayuno para la salud. Lo animo a leer uno durante su ayuno de veintiún días. Leer acerca de la limpieza, desintoxicación, y sanidad que tiene lugar en su cuerpo mientras ayuna lo ayudará a mantenerse motivado.

En su libro informativo *Ayuno con zumos y desintoxicación* de Steve Meyerowitz nos da un panorama excelente y conciso de la sanidad que se realiza en el cuerpo durante un ayuno: "Cuando usted ayuna, está sobre la mesa de operaciones de la naturaleza. El cuerpo cambia roles. En lugar de ocuparse de la tarea de recibir, procesar, almacenar, analizar, asimilar, discriminar, y desechar, cambia a la tarea de limpieza de la casa, eliminación, desinfección y renovación. Es una gran tarea y tiene sus inconvenientes, especialmente cuando alguien vive en la casa."[1]

Esto puede sonar como si nuestro cuerpo fuera una planta industrial que trabaja las veinticuatro horas, lo cual es una descripción precisa. El cuerpo está recibiendo, procesando, almacenando, analizando, asimilando discriminando y desechando alimentos. ¡Guau! Eso es mucho trabajo: no es de extrañar que a menudo estemos tan cansados. Comer quizás sea un gran placer, pero es trabajo serio. Nuestro cuerpo constantemente trabaja tiempo extra para digerir y asimilar todo ese alimento, especialmente cuando es procesado y está lleno de azúcar y sal, como lo es mucha de la dieta estadounidense. Nuestro estómago, hígado y riñones nunca tienen la oportunidad de descansar y rejuvenecer, a menos que ayunemos y les demos un descanso muy necesario.

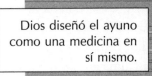

Dios diseñó el ayuno como una medicina en sí mismo.

Cuando ayunamos, la sangre y la energía que están en constante uso para ayudar a digerir los alimentos finalmente pueden ayudar a rejuvenecer otras partes de nuestro cuerpo, tales como el cerebro. Por eso es tan común experimentar lo que denomino obnubilación del ayuno durante los primeros siete días aproximadamente. Pero después del día ocho más o menos, sentirá como si alguien hubiera limpiado por completo su cerebro. Su pensamiento es más claro después de que el cuerpo ha eliminado todas esas toxinas. Es probable que su lengua presente una fina capa blanca. En serio, fíjese. Sé que le puede parecer un poco asqueroso, pero piense: ¡es toda la mugre que está saliendo de su cuerpo!

Lo primero que su cuerpo desea hacer cuando usted ayuna es atacar y eliminar las impurezas y toxinas. Esto puede hacer que se sienta algo dolorido y quizás incluso un poco débil durante los primeros siete días mientras su cuerpo se adapta, pero después de eso la mayoría de la gente se siente liviana y vigorizada. Anímese: los dolores, la debilidad y la obnubilación son algo bueno y son solo temporales. Según mi experiencia, ¡siento tanto la presencia de Dios que ni siquiera me importa!

---

[1] Jon Courson, *Jon Courson's Application Commentary: New Testament* (Nashville: Thomas Nelson, 2003), 138.

Al igual que nuestra alma, el interior de nuestro cuerpo necesita una buena limpieza general de vez en cuando. Una vez que le dé una buena cepillada, notará que su cuerpo comenzará a pedírselo de vez en cuando, como si dijera: "Por favor, dame un respiro. Déjame descansar. Déjame hacer limpieza. ¡Deja de llenarme de basura por unos pocos días para poder recuperarme!".

Los beneficios físicos del ayuno pueden resumirse con estas palabras: limpieza de la casa, eliminación, desinfección, restauración y renovación. El ayuno es un simple proceso de limpiar la casa, de deshacerse de la basura acumulada, quizás durante años. No necesitamos medicación especial para hacer esto; Dios creó nuestros cuerpos de forma tal que hacen el trabajo naturalmente.

Mientras ayuna, usted no solo está quemando células grasas, también está limpiando toxinas almacenadas en su grasa corporal. Por eso, ayunar es una de las mejores y más saludables formas de adelgazar. Y en realidad es más fácil mantener alejado el sobrepeso cuando retoma una dieta normal y saludable porque sus células están limpias.

¿Puede el ayuno incluso de un día por semana lograr todo eso? ¿O es necesario iniciar un ayuno prolongado para obtener esos beneficios? Miremos más en detalle lo que el ayuno hace para restaurarnos físicamente.

Su automóvil es un excelente ejemplo de los efectos del ayuno, especialmente si conduce una minivan y tiene hijos pequeños. ¿Se ha dado cuenta de que puede llegar a pasar más tiempo en su coche que en su casa? Puede llegar al punto de sentir que está viviendo en su auto, llevando a sus hijos a todas partes: a la escuela por la mañana, y luego a las actividades extraescolares, fiestas de cumpleaños, juegos de fútbol, espectáculos de danza, iglesia, paradas en Starbucks, restaurantes de comida rápida, la tienda de comestibles, y finalmente, de vuelta a casa. Uf, pero entonces todo comienza de nuevo al día siguiente.

> El ayuno es un simple proceso de limpiar la casa.

Después de un tiempo, todos esos envoltorios de hamburguesas, papas fritas sin comer, cajas de jugo vacías, envoltorios de goma de mascar y otros residuos se acumulan. Entonces su camioneta comienza a oler mal (¡especialmente si tiene un bebé que ha derramado varias botellas de leche debajo del asiento!). Llega un momento en que ya no soporta más y, finalmente, un sábado saca la aspiradora y todos los elementos de limpieza y bombardea a esa imbécil con una bomba atómica de limpieza. *¡Sí!* Y es tan lindo cuando el transporte familiar está limpio y desinfectado.

Con el tiempo, muchos de nosotros podemos comenzar a sentirnos como esa minivan llena de basura. Estamos llenos de mugre y necesitamos desesperadamente una limpieza profunda. No lo hicimos intencionalmente; solo sucedió. Al igual que en la minivan, después de tanto uso y vida cotidiana, se acumula basura. Del mismo modo, nuestros cuerpos funcionan sin parar. Es tiempo de una buena limpieza, así que no la haga a medias. ¡Use la bomba atómica de limpieza del ayuno!

Limpiar, ya sea su casa, coche, cuerpo o cualquier otra cosa, no solo es una forma esencial de mantener las cosas en buen funcionamiento, sino que ayuda a que duren más tiempo.

El cuerpo humano es como una urraca; puede aferrarse a cosas que en realidad debería desechar. Si no se limpia de vez en cuando, se aferrará a la grasa, al agua y "¿como digo esto educadamente?" al excremento extra. Mete estos extras en los huecos y recovecos de nuestro cuerpo donde no pueden eliminarse correctamente. Por asqueroso que parezca, estos extras pueden permanecer en su cuerpo durante meses, incluso años. Y eso no es algo bueno.

Sin embargo, cuando usted ayuna, el cuerpo no tiene su fuente de energía habitual de los alimentos, por lo que debe usar grasas almacenadas en las células. Cuando se quema esa reserva de células grasas, los ácidos grasos acumulados también se liberan y se eliminan a través del colon, los riñones, los pulmones y la piel. Las toxinas "venenos" que han estado atrapados en estas células de reserva se liberan, y el cuerpo las desecha como basura.

Por eso es que cuando ayuna, especialmente, cuando lo hace durante más de veintiún días, es posible que desarrolle mal aliento u olor corporal.

> El cuerpo humano es como una urraca; puede aferrarse a cosas que en realidad debería desechar.

Aunque esto resulta desagradable, es la forma natural del cuerpo de desechar lo que, ante todo, no debería haberse almacenado.

Hay otras clases de células en su cuerpo "células muertas o en proceso de muerte" a las que el ayuno trata duramente, lo cual también es algo muy bueno. Cuando la energía no está disponible de inmediato para estas células, se autodestruyen en un proceso llamado autólisis. De esta manera, a través del ayuno, el cuerpo elimina células no saludables.

Cuando usted come, su cuerpo usa mucha de su energía para digerir los alimentos. Así que cuando está ayunando, se libera energía extra, la cual está disponible para rejuvenecer los sentidos. Las áreas de su ser físico que se usan día tras día (la analogía de la minivan) se agotan y necesitan renovarse. Cuando ayuna, el cuerpo tiene el tiempo y los materiales para renovar las papilas gustativas, el sentido del olfato, la vista y el oído. Incluso he notado que mis senos nasales estaban más limpios, lo cual me permite respirar más fácilmente. Es como si su cuerpo fuera una computadora gigante que comienza a bloquearse y el ayuno es el botón de reiniciar.

Siempre me sorprendo con el buen sabor de la comida después de un ayuno. Hasta el pan integral es maravilloso. Aunque podría comer arrollados de pavo todo el tiempo, por ejemplo, ¡después de un ayuno prolongado sabe como si lo estuviera comiendo por primera vez!

Si está planeando cambiar su dieta "no hacer dieta, sino cambiar sus patrones de alimentación como medio para establecer un estilo de vida más saludable" sepa que es muy común que la gente experimente un largo periodo de malestar a medida que su cuerpo se adapta al nuevo plan nutricional. Pero si ayuna antes de comenzar el nuevo plan dietario, estos síntomas pueden reducirse o incluso eliminarse. Y si existen adicciones físicas, incluyendo el alcohol, el tabaco, o drogas, un tiempo de ayuno puede ayudar a acabar con ellas.

Vemos que esto sucede una y otra vez en nuestra iglesia. La gente viene y se rinde a Cristo, y luego, la primera vez que hace ayuno como sucede durante El Despertamiento,

> Es como si su cuerpo fuera una computadora gigante que comienza a bloquearse y el ayuno es el botón de reiniciar.

quedan libres de una adicción física. Por supuesto, en esto hay también un enorme componente espiritual. Gran parte de este libro trata sobre el poder espiritual del ayuno y la oración, y es Dios quien realmente hace libre a una persona. Pero el mismo poder que usted usa para decir no a la comida durante un ayuno está disponible para decir no a las drogas o a cualquier otra adicción. Si le dice no a la comida, se sorprenderá al ver a qué otras cosas puede decirles no. Recuerde, el ayuno le devuelve el poder a su voluntad.

Los beneficios adicionales del ayuno incluyen:
- aumento de energía
- patrones de sueño mejor y más profundo
- piel más clara
- recarga mental y emocional
- mayor resistencia a la enfermedad
- más autocontrol

El ayuno requiere precauciones razonables. Hay situaciones que hacen que el ayuno no sea aconsejable para algunas personas, o al menos no hasta recibir la aprobación de un médico. Si tiene problemas de salud, por favor consulte a su médico antes de comenzar su ayuno; especialmente si está tomando medicamentos, padece de una enfermedad crónica, o está embarazada o amamantando.

A veces cuando la familia y los amigos se enteran de que va a hacer un ayuno de veintiún días, se inquietan y se preocupan por su salud. En efecto, al haber leído este libro, quizás usted mismo esté algo preocupado. Déjeme asegurarle que, hecho con el permiso de su médico, ayunar es una de las mejores cosas que puede hacer por su cuerpo.

No se demore en darle a su cuerpo el descanso y la restauración que tanto se merece.

Historia de un despertamiento

El bebé del milagro

Comenzamos a asistir a la Iglesia Celebration en diciembre de 2006. Habíamos pasado muchas cosas durante los dos años anteriores por haber sufrido cuatro abortos espontáneos después de tener a nuestro hijo. Nuestra fe había sido probada más allá de toda medida, y necesitábamos un buen lugar, una iglesia a la cual llamar hogar. De inmediato supimos que la Iglesia Celebration era el lugar para nosotros. Habíamos decidido intentar tener un bebé una vez más, y decidimos que si yo abortaba nuevamente ya no volveríamos a intentarlo.

Aprendimos sobre el ayuno y la oración en enero y decidimos participar. Ayunamos y después fuimos al servicio de oración al finalizar el ayuno. El pastor Stovall llamó a la gente al altar para recibir sanidad. Fuimos a recibir oración para que Dios me sanara y me permitiera tener otro hijo.

El 12 de febrero, descubrí que estaba embarazada. El 15 de octubre, di a luz a una hermosa niña. Mientras escribo esto, la tengo en mis brazos. Ella es un milagro, y quiero alabar a Dios por lo que ha hecho. Hubo muchas personas y ministerios orando por nosotros en este tiempo, y alabo a Dios por todos ellos.

— STEPHANIE BRUNK

La historia del despertamiento

POCO DESPUÉS DE convertirme en cristiano, escuché un mensaje sobre el ayuno, y tuvo total sentido para mí, al igual que la lectura bíblica y la oración. La iglesia a la que asistía en ese entonces tenía un periodo de cuarenta días de ayuno cada año. Desde la primera vez que lo experimenté, hice del ayuno parte de mi estilo de vida y lo traté con el mismo valor que le doy a mi tiempo de devoción personal con Dios. También estoy agradecido por esto, porque este estilo de vida de oración, ayuno y devoción personal es lo que me ha moldeado como cristiano.

He ayunado regularmente durante más de veinte años, y podría contarle innumerables historias del impacto que ha tenido, no solo en mi vida personal, sino también en la Iglesia Celebration. A través de estos tiempos de búsqueda de Dios y acercamiento a Él, he experimentado muchos milagros y avances asombrosos. También he recibido algunas de las indicaciones más precisas y específicas para mi propia vida, mi familia y nuestra iglesia. Sin falta, cada vez que ayuno, miro atrás asombrado por lo que Dios ha hecho en mi corazón y lo que me ha revelado, y me pregunto: *Hombre, ¿y si no hubiera ayunado? Me habría perdido todo lo que Dios tenía para mí y nuestra iglesia.* La mayoría de lo cual nos ha traído adonde hoy estamos como iglesia.

> Cada vez que ayuno, miro atrás asombrado por lo que Dios ha hecho en mi corazón y lo que me ha revelado.

Me asombra que, al momento de escribir este libro, nuestra iglesia tenga casi doce años. Cuando Dios nos llamó a mi esposa Kerri y a mí a Jacksonville para iniciar la Iglesia Celebration, empezamos desde cero: literalmente sin nada. Nuestro equipo de lanzamiento fue un grupo de siete personas. Hacíamos los servicios en un gimnasio y estuvimos ambulando durante los primeros años. ¡Oh las historias que podría compartir!

Nuestra iglesia ha experimentado un crecimiento espiritual y numérico increíble. Hemos visto a miles de individuos venir a Cristo por primera vez, y actualmente tenemos una asistencia de más de diez mil personas cada semana. Hemos disfrutado de un favor asombroso mientras nos expandíamos tanto regional como internacionalmente. La Iglesia Celebration es ahora una iglesia global de tipo multisitio con doce campus.

Hemos visto a Dios moverse asombrosamente y estamos guiando a la gente a experimentar la vida donde Dios es lo primero. A través de todos nuestros servicios de fin de semana y de extensión, vemos cómo cientos de personas se deciden por Cristo cada semana. ¡Y pensar que todo comenzó con un grupo de siete personas que se reunían en un gimnasio! Cuando la gente ve lo que Dios está haciendo en y a través de la Iglesia Celebration, suele preguntar cuál es el principal factor que ha contribuido a este crecimiento y a la pasión, la energía, y el hambre de Dios que emanan de nuestra iglesia y nuestro personal. Aunque el liderazgo, servicios, ministerios, programas y sistemas excelentes son cruciales para hacer que la iglesia avance, francamente la respuesta es que nuestra iglesia fue edificada sobre la búsqueda de Dios. A fin de cuentas, haciendo a un lado todo lo demás, somos una iglesia que ora, ayuna y busca a Dios, y siempre lo seremos. Y para eso no hay sustituto.

> Hay algo muy poderoso en el hecho de apartar tiempo al comienzo de cada nuevo año para orar, ayunar, y buscar a Dios.

Esto es más que un programa para nosotros. Está profundamente arraigado en nuestra cultura. Hemos podido compartir este mismo énfasis en la oración y el ayuno con cientos de otros pastores, iglesias, y líderes ministeriales alrededor del mundo mediante Despertamiento: 21 días de oración y ayuno.

Desde que comenzó la iglesia, nuestro personal siempre ha ayunado a principio de año. Pero seis años atrás, sentí que Dios me urgía a presentar un periodo de veintiún días de oración y ayuno al liderazgo y a los voluntarios clave de la Iglesia Celebration. Esta ha sido una práctica personal mía cada enero durante años. Hay algo muy poderoso en el hecho de apartar tiempo al comienzo de cada nuevo año para orar, ayunar y buscar a Dios.

Los resultados con el liderazgo fueron increíbles y el impulso espiritual inundó nuestra iglesia. Fue asombroso ver cuánta claridad y alineación trajo Dios a nuestros planes para el año. El ayuno literalmente hizo arrancar nuestro año.

Después de ver lo que esto había hecho en el personal y en el liderazgo, sentí que Dios me decía que era tiempo de implementarlo en la iglesia. Lo hicimos el mes de enero siguiente, y la Iglesia Celebration no ha vuelto a ser la misma.

Lo que vi fue que la gente de la iglesia no solo estaba dispuesta, sino que estaba hambrienta de participar de esta poderosa experiencia de acercarse a Dios. Solo necesitaban que los guiaran y les dieran las herramientas. Esta es una de las ideas falsas comunes acerca del ayuno que he oído de otros pastores. Su preocupación es que si inician el ayuno en su congregación, esto alejará a la gente, especialmente a los que no van a ninguna iglesia y a los que aún no tienen una relación con Dios. Pero nos hemos dado cuenta de que no es verdad. En efecto, hemos visto lo contrario.

En realidad, hemos visto a Dios usar el ayuno de un no creyente como catalizador que acercó a esa persona a una auténtica relación con Jesús. Hemos visto cómo gente que estaba alejada de Dios intentó ayunar por primera vez, y luego despertó a la presencia de Dios como nunca antes. Sencillamente no deberíamos sacar nuestras propias conclusiones basándonos en nuestros temores o falta de entendimiento y cerrar la puerta a una experiencia tan beneficiosa. Ayunar por salud y para adelgazar es algo muy popular en el mundo secular en este momento, y la gente que no asiste a iglesia alguna, ni le teme ni lo considera algo extremo. El ayuno es una disciplina espiritual que Dios diseñó para nosotros, y de ella siempre nace fruto.

Así que iniciamos el primer ayuno de veintiún días en la Iglesia Celebration y rápidamente reunimos algunos recursos. Alentamos a la gente de nuestra iglesia a pensar en una o dos cosas que tuviera en su corazón por las cuales quería orar. Ese mes, prediqué una serie completa de mensajes sobre el poder y los beneficios del ayuno, y ellos se identificaron con la novedad que necesitaban y deseaban sentir en sus almas.

Cada año desde entonces, hemos visto más gente salva, pasión por Jesús, importantes avances personales, milagros, y gente que se ha acercado a Dios más que nunca antes. Nos damos cuenta de que cada enero nuestra iglesia espera El Despertamiento con gran expectativa. Ha sido satisfactorio ver el crecimiento espiritual y los milagros asombrosos que la gente experimenta.

Hace varios años, uno de mis buenos amigos, Dino Rizzo, que pastorea la Iglesia Healing Place, una iglesia increíble y próspera en Baton Rouge, me dijo que debíamos abrir este periodo de oración y ayuno a otras iglesias para que participaran con nosotros. Dijo que debíamos usar lo aprendido y nuestros recursos para ayudar a equipar al Cuerpo de Cristo en general. "Hagamos esto juntos y logremos un gran impacto en el reino", me urgió. No sabía con certeza cómo funcionaría eso, pero sabía lo que podía hacer por otras iglesias y creyentes si podían experimentar lo que nosotros habíamos experimentado.

> Cuando usted tiene una cultura de oración y ayuno, observa una frescura y novedad constantes en la relación de la gente con Dios.

Creo que el ayuno es una de esas cosas que deberían hacerse juntos periódicamente; en otras palabras, en forma colectiva. Después de experimentarlo y apasionarme tanto por los resultados de la oración y el ayuno en mi vida personal, y de ver el impacto que tuvo en nuestro personal y en el liderazgo, y a su vez en la iglesia, lo abrimos al Cuerpo de Cristo y lanzamos El Despertamiento: 21 días de oración y ayuno.

Hay grandes iglesias alrededor del planeta que inician cada año con oración y ayuno, e incluso llevan haciéndolo mucho más tiempo que nosotros. Hay otras iglesias que nunca lo han probado, pero desean hacerlo. Al unirnos con estas iglesias y proveerles recursos y herramientas para el ayuno, queremos ayudarlas a desarrollar culturas de oración y ayuno en sus congregaciones.

Creo que a veces una iglesia puede orar y ayunar por un gran evento o causa o alcance, pero otra cosa totalmente distinta es desarrollar una cultura de oración y ayuno. Cuando usted tiene esta cultura, observa una frescura y novedad sostenidas en la relación de la gente con Dios, así como también en cada área del ministerio y en la iglesia como un todo.

El primer año que abrimos El Despertamiento al Cuerpo de Cristo, participaron 364 pastores, iglesias y ministerios. Esto representaba alrededor de 350,000 personas. ¡Fue grandioso! Muchas de ellas estaban ayunando por primera vez, por lo que también experimentaron los resultados por primera vez. Los testimonios llegaban a raudales, y contaban de los sucesos relacionados con el ayuno como los que hemos experimentado en la Iglesia Celebration. Hubo matrimonios restaurados, sanidades físicas, y la gente estaba despertando a la presencia de Dios poderosamente a medida que sus vidas y ministerios se estaban alineando.

Al año siguiente, en enero de 2010, el número creció a 1,086, eso es casi mil cien pastores, iglesias, y ministerios de todo el mundo que oraron y ayunaron juntos al comenzar el año. ¡Esto representaba más de un millón de creyentes!

Las observaciones más recurrentes que hemos recibido de las iglesias participantes es que experimentaron un tremendo aumento de salvaciones y bautismos, como también un mayor nivel de participación en grupos pequeños, en el servicio y en el ofrendar. Esto es lo que sucede cuando la gente despierta a Dios. Todas estas cosas pasan al siguiente nivel porque la gente se apasiona por Dios y tiene hambre de Él. Recupera esa actitud de "querer", y esta comienza a impulsar sus vidas. La vitalidad espiritual de la iglesia entonces se eleva al siguiente nivel. Muchas iglesias plantadas atribuyeron un lanzamiento exitoso a la oración y el ayuno. Puesto que los líderes y los miembros estaban en sintonía con Dios de tal forma, las cosas resultaron rápidamente y el ministerio prosperó. Podría seguir y seguir. Una vez que usted lo experimenta, sencillamente no hay vuelta atrás.

UNA PALABRA PARA PASTORES Y LÍDERES MINISTERIALES

Si usted tiene el deseo de establecer una cultura de oración y ayuno en su iglesia o ministerio, quiero animarlo a que pruebe hacer un ayuno colectivo. Su ministerio nunca será el mismo. Una excelente forma de comenzar es participar con nosotros de El Despertamiento: 21 días de oración y ayuno en enero. Registre su iglesia o ministerio en línea en www.awake21.org, y ore y ayune junto a cientos de otros pastores, iglesias y ministerios de todo el mundo que son parte de esto cada enero. Al aprovechar el poder de hacer esto juntos, literalmente puede sentir el impulso que nos lleva hacia adelante.

Decida cómo serán esos veintiún días para su iglesia. En www.awake21.org hay disponibles varios recursos, consejos prácticos y herramientas que puede usar. Puede decidir participar durante los veintiún días o simplemente un día por semana. Si fuera necesario ajustar las fechas elegidas para el periodo de veintiún días para acomodarlas a su calendario de planeamiento ministerial, eso depende de usted. El principal propósito es que todos apartemos un poco de tiempo al comienzo del año para orar y ayunar juntos para el avance del reino de Dios.

Como pastor o líder de iglesia registrado, tendrá acceso al uso de cualquiera de los recursos disponibles en www.awake21.org. Algunos de estos incluyen:

- series de mensajes sobre el ayuno, incluyendo videos, descargas, transcripciones de mensajes y notas de sermones
- videos informativos sobre cómo establecer una cultura de oración y ayuno en su iglesia
- información práctica sobre la oración y el ayuno, que incluye una lista de diferentes tipos de ayuno, instrucciones, un calendario de ayuno, y más
- un devocionario de veintiún días
- ideas de ayuno para niños
- la guía juvenil Despertamiento para el ayuno

- imagen de marca, medios de difusión y gráfica de Despertamiento

Ya sea que haya ayunado antes o sea esta su primera vez, espero que se una a nosotros. Hay algo muy poderoso en el hecho de apartar este tiempo al comienzo del año para orar, ayunar, y buscar a Dios juntos. Se lo que ha hecho en mi vida y en nuestra iglesia. ¡Estoy impaciente por ver lo que hará en la suya!

PARTICIPACIÓN INDIVIDUAL

También quiero invitar a individuos a unirse al más de millón de personas de todo el mundo que participa cada año de El Despertamiento. Siga el "Plan de Despertamiento de 21 días" provisto en este libro

> Permítame decirlo nuevamente: este será su mejor año, si espiritualmente es su mejor año.

e ingrese en nuestro sitio web www.awake21.org para mayor información. Queremos saber que estamos orando y ayunando junto a usted también, así es que asegúrese de registrarse y contarnos cómo podemos orar por usted.

Permítame decirlo nuevamente: este será su mejor año, si *espiritualmente* es su mejor año. Cuando ore, ayune, y se acerque más a Él, ¡prepárese para las cosas increíbles que comenzarán a suceder en su vida!

Historia de un despertamiento

Las bebas del milagro

Jennifer, nuestra hija más joven, se parece mucho a su madre en el hecho de que siempre ha tenido un fuerte instinto maternal. Siempre ha deseado ser madre. Después de un año de estar casados, ella y Ben, su esposo, se enteraron de que estaban esperando un hijo. En medio del entusiasmo por la elección de nombres, por pintar el cuarto, y todas las alegrías que acompañan la espera de ese primer bebé, el médico les dijo que el embarazo era ectópico. Después de mucho agonizar en oración, el embarazo terminó, lo cual tuvo como resultado la pérdida del bebé y el daño ocasionado a la trompa de Falopio, haciendo menos probables futuros embarazos. Después de un periodo de congoja, Ben y Jenny decidieron intentar nuevamente. Unos meses más tarde, quedó embarazada y la expectativa comenzó de nuevo. Sin embargo, nuestro corazón quedó destrozado al enterarnos de que este también era un embarazo ectópico, ahora del otro lado. La historia tuvo resultados similares: ningún bebé y demasiado daño a la otra trompa de Falopio como para tolerar futuros embarazos.

Como familia pusimos nuestras opciones en oración: aceptar que esto era la voluntad de Dios y que Ben y Jenny continuaran derramando sus vidas en los hijos de otros, explorar la adopción, o investigar la posibilidad de la fertilización in vitro. Se decidieron por la última, tratando los óvulos fecundados cuidadosamente como dones de Dios. Nuevamente, aumentaron las esperanzas, pero solo acabamos frustrados cuando llegó el llamado de que el procedimiento no había dado resultado.

Como padres, llorábamos con nuestra hija y nuestro yerno, sintiendo su profundo dolor cada vez que una de las hermanas de Jenny anunciaba un inminente embarazo. Era tan valiente al gozarse con ellas, pero nosotros sabíamos que se le partía el alma con el deseo de ser madre.

Decidieron intentar una vez más. Por casualidad coincidió con la participación de nuestra iglesia en los veintiún días de ayuno junto a la Iglesia Celebration al comienzo de año. Mi esposa y yo decidimos centrar nuestras oraciones en Ben y Jenny en ese tiempo. Teníamos por costumbre encender velas como expresión de oración intercesora para finalizar nuestros servicios, así que Debbie y yo encendíamos las velas juntos en silencio, pidiendo a Dios que bendijera su hogar con un hijo a pesar de que la evidencia médica dijera lo contrario.

Como iglesia, celebramos el final del ayuno con un servicio de adoración el primer miércoles de febrero. A la mañana siguiente, Ben y Jenny recibieron la noticia de que pronto serían padres de no uno, sino de dos nuevos bebés.

Casi unos ocho meses después recibimos a nuestras bebas del milagro, Rylan Hope y Sadie Joy Mayer en nuestra familia. Dios le dio a Ben y a Jenny la *esperanza* de convertirse en padres, y *gozo* es lo que sienten cada vez que miran a las niñas, sabiendo lo que han pasado para traerlas aquí.

De más está decirlo: El Despertamiento: 21 días de oración y ayuno ha adquirido un nuevo nivel de significado para la familia Surratt. Una vez más recordamos que con Dios nada es imposible.

— GREG SURRAT, PASTOR PRINCIPAL DE LA IGLESIA SEACOAST

EL PLAN DE EL DESPERTAMIENTO DE 21 DÍAS

Estimado Lector:

¡Me alegra tanto que se haya decidido a participar de un extenso tiempo de ayuno y oración! Le aseguro que esto será una experiencia como ninguna. He descubierto que no hay mejor manera de recomponer mi brújula espiritual y proveer refrigerio a cada área de mi vida que a través del ayuno y la oración.

El "Plan de El Despertamiento de 21 días" está diseñado flexiblemente para que usted pueda participar en cualquier nivel. Haya tenido antes un tiempo de oración y ayuno de veintiún días o sea esta su primera vez, puede comenzar donde está y experimentar de manera poderosa lo que Dios tiene preparado para usted.

Las herramientas provistas en esta sección son una guía práctica para ayudarle a transitar por su plan personal de veintiún días. A medida que lee la información considere cómo se aplica a sus circunstancias y convicciones personales.

Su plan de veintiún días está diseñado para llevar a la práctica diaria los temas clave que hemos considerado en este libro:

- experimentar rendición
- experimentar pasión por Dios
- experimentar la bondad de Dios
- crear espacio para que Dios lo llene

Cada parte del plan de veintiún días incluye estas características: devocional, "Plan de lectura bíblica", "Foco de la oración, y "El diario del despertamiento": un lugar para que usted registre sus pensamientos y sus rápidos progresos. Además está el "Plan de lectura opcional del libro" que lo guiará a través de la lectura completa de *El despertamiento* durante los veintiún días. Y, finalmente, si usted quisiera reunirse con amigos para animarse y tener comunión durante la experiencia de veintiún días, incluí la "Guía de estudio para grupos pequeños", para su uso.

Le aseguro, este será su mejor año si es *espiritualmente* su mejor año. Oro que usted experimente la presencia y el poder de Dios de una manera extraordinaria al comprometerse con Él durante los próximos veintiún días. ¡Que el Señor lo siga bendiciendo y ensanchando su territorio mientras lo busca a Él antes que a nada!

Stovall Weems

¿POR QUÉ VEINTIÚN DÍAS?

El despertamiento es un estilo de vida, y aprender cómo incorporar a nuestra vida diaria los principios que hemos visto es fácil y llevadero. He descubierto que cuando las personas oran y leen la Biblia durante veintiún días seguidos, hacerlo se convierte en un hábito, como la mayoría de las actividades que se realizan continuamente por un tiempo así. Y cuando las personas experimentan la eficacia de un ayuno de veintiún días, fácilmente se convierte en una parte natural de sus vidas.

LO QUE USTED NECESITARÁ

Además de las herramientas provistas en este plan de veintiún días, necesitará una Biblia. La mayoría de las referencias usadas en este libro son de la versión Reina Valera 1960 (RV60), pero es importante que usted encuentre una traducción que le resulte útil. La Nueva Versión Internacional (NVI) y la Nueva Traducción Viviente (NTV) también son magníficas y de fácil lectura.

Además, le recomiendo el uso de un diario personal, que lo ayudará a captar y registrar todas las cosas increíbles que Dios esté hablando a su vida. Tener su música de adoración personal preferida disponible en un CD o en su iPod también es una magnífica idea. Y, por supuesto, según la clase de ayuno que usted elija seguir, también se requiere una preparación. Hablaré de esto en la sección sobre el ayuno.

También le recomiendo tener disponible una libreta. Es para escribir todas esas cosas molestosas que surgirán mientras usted trata de concentrarse en la voz de Dios. Use la libreta para sacárselas de la mente durante este tiempo dedicado a Dios.

Finalmente, debe elegir un lugar y un tiempo. La oración, la lectura bíblica, y las devociones privadas son partes fundamentales de este plan. Encontrar un sitio y hasta un lugar específico donde buscar a Dios todos los días es muy importante, sea que esto signifique levantarse treinta minutos más temprano por la mañana o encontrar un espacio tranquilo en su auto en su tiempo para almorzar. Si sabe dónde y cuándo planea encontrarse con Dios es más probable que usted se aparezca por allí. ¡Él ciertamente ya lo estará esperando!

ORACIÓN

El plan de veintiún días incluirá la oración como parte fundamental de su práctica diaria. Mientras se prepara para los próximos veintiún días, puede ser tentador comenzar a pensar en una lista de oraciones que a usted le encantaría ver respondidas. Pero lo animo a que lo haga sencillamente. Piense en las dos o tres cosas importantes más apremiantes en su corazón y preséntelas a Dios. Escríbalas en su diario y esté abierto para oír lo que Él tiene para mostrarle en esas áreas. Recuerde, los avances importantes, los milagros, y las respuestas a sus oraciones serán el resultado de acercarse a Jesús.

Al orar, tenga como su meta principal conocer más a Jesús y experimentarlo. Recuerde concentrarse en la bondad, la grandeza y la gloria de Dios. Haga oraciones de entrega total, y propóngase glorificar a Dios con su vida. Concéntrese primero en lo que se refiere a Él y vea todo los demás a través de ese filtro.

Y lo más sencillo, hágase tiempo para orar todos los días. ¡No complique esto demasiado! Sencillamente hable con Dios.

> Al orar tenga como su meta principal conocer más a Jesús y experimentarlo.

Tenga ese lugar y ese tiempo en el cual pueda buscar a Dios cada día. Si no planea orar, no lo hará. Si encuentra que desconectarse de las ocupaciones del día es un desafío, incorporar música de adoración es una estupenda manera de preparar su corazón para la oración.

DEVOCIONES PERSONALES

Un aspecto importante del estilo de vida despierto que produce crecimiento espiritual es pasar tiempo en la Palabra de Dios. Además de la oración diaria, su plan de veintiún días incluye un devocional diario y un "Plan diario de lectura bíblica".

El devocional lo animará y lo fortalecerá cuando usted aparta tiempo para buscar a Dios durante este periodo. Los temas de los devocionales diarios se concentran en fomentar el hambre espiritual por medio de la oración, el ayuno y el acercarse a Dios.

Así como al orar y ayunar, el sentido de la lectura de la Biblia es conectarnos con Dios de una manera más efectiva. No se trata de una obligación sino de una relación. Cuando nos conectamos con Dios por medio de su Palabra, nos conectamos con la presencia misma de Dios. ¡Su Palabra es viva y activa! Mientras leemos la Biblia, nos acercamos a Dios y nos posicionamos para oírlo de maneras especiales.

También aquí, como con la oración, elija la hora y el lugar donde va a leer la Biblia y tener su devocional cada día, y vaya preparado para oír lo que Él quiere decirle.

Hay tres cosas breves que quisiera compartirle sobre cómo aprovechar al máximo su tiempo devocional con Dios.

1. Lea diariamente

Es mejor leer un poquito cada día que ensayar batir dos horas de lectura bíblica o devocional de una vez. Es muy importante digerir la Palabra en trozos absorbibles. El "Plan de Lectura Bíblica" que incluí ayuda, ya que lo conduce a través de un capítulo por día. No muerda más de lo que puede masticar, y por cierto, no compare su "rendimiento" con el de otros. Si pierde algunos días, retome con la siguiente lectura, pero siga adelante y no abandone.

La clave está en hacerlo de modo sencillo y llevadero. ¡Le predigo que la oración y la lectura bíblica se convertirán en su parte favorita del día!

2. Lea en actitud de oración

Hable con Dios mientras lee. No se apresure a terminar. Si encuentra algo que no entiende, haga una pausa momentánea y pregúnteselo a Dios. Leer en actitud de oración es hacer un tiempo y un espacio para hablar con Dios y darle el tiempo y el espacio para que Él le hable a usted. Tomar tiempo para meditar en la Palabra de Dios es tan importante como leerla.

3. Lea con expectativa

Está a punto de partir el pan de vida, así que adopte una actitud de expectativa. Crea que Dios le va a hablar por medio de su Palabra. Meditando en las ideas y pensamientos registrados en su diario, esté listo para hacer algo con lo que Él le muestra.

Una estupenda y sencilla manera de registrar sus devocionales es usar el método SOAP. (Wayne Cordeiro tiene un material muy bueno al respecto que recomiendo mucho en su libro *Divine Mentor*). SOAP es una sigla en inglés que significa:

Scripture (Escritura)

Observation (Observación)

Application (Aplicación)

Prayer (Oración)

El método SOAP funciona de esta manera:

- *S de Escritura*. Lea en actitud de oración. Observe cuál pasaje (o pasajes) capta su atención y márquelo en su Biblia. Cuando termine, vuelva a leer el o los versículos que marcó y busque uno que le haya hablado especialmente. Escríbalo en su diario.
- *O de Observación*. Concentrado en esa escritura, sintonice y escuche lo que Dios le está diciendo por medio de su Palabra. ¿Qué es lo que sobresale específicamente de esa escritura? ¿Qué quiere revelarle o enseñarle Dios? Pídale al Espíritu Santo que sea su guía y le muestre lo que Dios está diciendo.
- *A de Aplicación*. Piense en cómo se aplica ese versículo a su vida en este momento. Tal vez sea una instrucción, aliento, revelación de una nueva promesa, o corrección para un área específica de su vida. Use su diario para escribir cómo se aplica ese versículo a su vida hoy.
- *P de Oración*. Desarrolle su tiempo SOAP en oración. Hable con Dios acerca de lo que acaba de leer. Puede ser algo tan sencillo como agradecerle por hacerle comprender una verdad del pasaje, o quizás pedirle una mayor comprensión o sabiduría en cuanto a cómo aplicarla a su vida. Recuerde, la oración consiste enteramente en una relación. Es una conversación de doble vía, así es que asegúrese de escuchar lo que Dios tiene que decirle.

¡Eso es todo! SOAP. Es tan sencillo o tan profundo como usted quiera que lo sea. Si desea profundizar en su estudio, aquí tiene algunos consejos prácticos adicionales:

- Relea el pasaje del día en diferentes versiones o en paráfrasis de la Biblia.
- Utilice recursos de la Internet, tales como los disponibles en www.croswalk.com.
- Utilice un comentario tales como el de Matthew Henry o el de la Internet en www.biblegate.com
- Busque las referencias de su lectura diaria, usando las notas a pie de página de su Biblia de estudio.
- Busque palabras en su idioma original usando la *Concordancia de Strong.*

Mi oración por usted para los próximos veintiún días ¡es que se encienda su pasión por Dios y por su Palabra, y que desarrolle un hambre por su presencia como nunca lo tuvo!

AYUNO

Nota importante: El ayunar requiere precauciones razonables. Si usted tiene problemas de salud, por favor consulte a su médico antes de comenzar un ayuno, especialmente si está tomando medicación, si tiene una afección crónica, o si está embarazada o amamantando un bebé.

Mientras se prepara para ayunar, es importante que elija un plan de ayuno adecuado para usted. Aunque esta sección provee información general sobre distintas formas de ayuno, además de sugerencias sobre cómo crear su propio plan de ayuno, quiero dejar en claro que no hay intrínsecamente nada más espiritual en un tipo de ayuno con respecto a otro. Estas simplemente son pautas y sugerencias sobre las cosas que usted puede hacer.

No permita que lo que coma o lo que no coma se transforme en el centro de su ayuno. Que lo primero sea siempre lo primero, que es acercarse a Dios. Recuerde que este es un tiempo para desconectarse de sus patrones y hábitos cotidianos en una medida que le permita conectarse más íntimamente con Dios. Aquí tiene algunos consejos prácticos para recordar antes de comenzar:

1. Comience donde está

Todos estamos en diferentes lugares en nuestro caminar con Dios. Igualmente, nuestros trabajos, horarios diarios y condiciones de salud son diferentes y presentan varios niveles de demanda de nuestra energía. Así que lo más importante, haya ayunado antes o esta sea la primera vez, es que comience donde está.

Su ayuno personal debería presentar cierto nivel de desafío, pero es muy importante que conozca su propio cuerpo, que conozca sus opciones, y lo más importante, que busque a Dios en oración y siga lo que el Espíritu Santo le guíe a hacer.

Recuerde, la meta de ayunar no es estar sin comer. La meta es acercarse más a Dios.

2. Encuentre su zona de ayuno

Cuando comencé a ayunar tenía cierta incomodidad, pero me acostumbré bastante rápido a la rutina del ayuno. Muy sencillamente, aprendí cómo ayunar de una manera adecuada para mí.

Bebía malteadas, jugos, e incluso un poco de café. Conforme progresaba en el ayuno, lo realizaba de diferentes modos, en diferentes tiempos. He hecho de todo, desde largos ayunos (bebiendo solo agua) hasta ayunos de un día (comiendo frutas y vegetales).

Aunque cualquier ayuno verdadero implica abstinencia de alimentos o al menos de cierta clase de alimentos, encontré que diferentes combinaciones de ayuno resultan mejor para diferentes personas. La meta para tener un ayuno exitoso es tratar de encontrar lo que yo llamo su "zona de ayuno", y que es diferente para cada uno y puede cambiar dependiendo de la estación en que se encuentre.

La mejor manera de describir su zona de ayuno es que es el lugar en que se siente liviano y espiritualmente en sintonía. Su mente se concentra con facilidad en Dios y en las cosas espirituales. Usted tiene una creciente energía espiritual: puede sentir que el ayuno da resultado. Así como los corredores saben cual es su promedio de pulsaciones para ver los beneficios del entrenamiento físico, la zona de ayuno es similar en sentido espiritual.

Encontrar su zona de ayuno lo ayuda a elegir el tipo y duración del ayuno. Digamos que usted elige hacer el ayuno de Daniel (solamente frutas y vegetales). ¿Debería comer frijoles? No sé, pero le diré que si puede comer porotos y permanecer en *su* zona de ayuno, hágalo. Pero a algunas personas, comer porotos las saca de su zona. ¿Debería comer mantequilla de maní? Probablemente no. La mantequilla de maní es bien una indulgencia, y nunca encontré una persona que pudiera mantenerse en su zona de ayuno mientras se permite indulgencias.

¿Debería quitar totalmente la cafeína? Depende. Lo importante es que, cuando ayuna, su cuerpo automáticamente ansía menos cafeína. Si usted puede mantenerse en su zona de ayuno con poca cafeína, estupendo. Si está haciendo un ayuno más prolongado y quiere quitarla completamente de su dieta, también es estupendo. Pero cálmese y ponga la meta de estar totalmente libre de cafeína a los dos tercios de su ayuno.

Le diré que si usted bebe café regularmente, uno de los peores errores que puede cometer es ayunar de uno a tres días y quitar abrupta y completamente la cafeína. Por favor no lo haga o pasará ese tiempo malhumorado y retraído en vez de disfrutar de la presencia de Dios. Tranquilo: el café es el jugo de un grano. ¡Tómese un capuchino y acérquese a Jesús!

También he notado que hacer un poco de mezcla durante un ayuno de veintiún días resulta mejor para la gente. Por ejemplo, haga un ayuno con frutas y vegetales durante una semana. Luego haga un tiempo de solo líquidos. Quizás pueda mezclar también algunos días solamente con agua si piensa que está preparado para hacerlo. Luego vuelva a las frutas y vegetales por algunos días.

> La meta para tener un ayuno exitoso es tratar de encontrar lo que llamo su zona de ayuno.

Esta es mi opinión: ¡encuentre su zona de ayuno!

Algunas personas no pueden mantenerse en su zona de ayuno comiendo cualquier tipo de alimentos sólidos, así que es prefieren solo líquidos. Con las bebidas proteínicas actuales y las máquinas exprimidoras, es muy fácil obtener una dosificación saludable para todas sus necesidades nutricionales aunque solamente ingiera líquidos. Ciertas personas no pueden hacer más que tomar solamente agua. Si comen una ensalada o beben un vaso de jugo, salen de su zona. O si se permiten comer un melón cantalupo, ¡terminan comiendo veinte por día!

Lo diré otra vez: no existe un enfoque que resulte lo mismo para todos. Algunos de mis ayunos más estupendos han sido solo con frutas y vegetales. Otros ayunos magníficos han sido solamente con agua. Durante mi último ayuno más prolongado, que probablemente fue el mejor de todos, solo bebí jugos frescos y bebidas con proteínas del suero. Además, siempre bebo café durante mi ayuno. Solo que bebo mucho menos que de costumbre. Siempre es diferente. Siga al Espíritu Santo, mezcle, encuentre lo que da resultado para usted, ¡y permanezca en su zona de ayuno!

3. Elija su tipo de ayuno

Mientras se prepara para ayunar, es importante que elija con tiempo qué clase de ayuno, o qué combinación, usará. Esto no solo le ayudará a hacer los arreglos necesarios para implementar su plan, sino que al comprometerse por adelantado con un ayuno específico y saber cómo va a hacerlo, se colocará en posición de finalizarlo bien.

En las siguientes páginas enumero algunas opciones y variaciones de ayunos de los cuales usted puede elegir. Mientras examina la información, por favor considere cómo se puede aplicar o no a sus circunstancias y convicciones personales.

Puede escoger ayunar los veintiún días. O puede elegir ayunar algunos de ellos, tal como tres o cuatro días por semana a lo largo del periodo de veintiún días. Podría hacer eso y de tres a siete días consecutivos al final. Es su decisión personal y debería considerar en oración si se aplica a sus circunstancias.

Alimentos específicos o Ayuno de actividad

En este tipo de ayuno usted omite un elemento específico de su plan alimentario. Por ejemplo, puede elegir eliminar todas las carnes rojas, la comida rápida o procesada, o los dulces. La mayoría de la gente puede incorporar esta clase de ayuno relativamente fácil. También puede resultar una gran solución para las personas con necesidades dietarias o condiciones médicas específicas que pueden ocasionarles ciertas limitaciones.

Aunque el ayuno generalmente se refiere a abstenerse de ciertos alimentos, también puede encontrar sumamente beneficioso ayunar una actividad regular o hábito. Esto podría incluir cosas tales como mirar televisión, medios sociales, y cosas similares. Recomiendo mucho ayunar tanto como sea posible televisión y cosas como noticias o programas radiales. Esto solo, puede cambiar su vida.

Recuerde, la oración y el ayuno no solo se refieren a conectarse con Dios, sino además a desconectarse del mundo. Apague las otras voces mundanas tanto como le sea posible. Reemplace ese tiempo con la lectura de la Palabra de Dios y buenos libros cristianos. Si mira televisión, trate de mirar programas cristianos o documentales de la naturaleza. Permita que su mente se renueve.

Ayuno de Daniel

El ayuno de Daniel es el gran modelo a seguir y es sumamente efectivo para la concentración espiritual, la disciplina del cuerpo y la purificación del cuerpo y del alma. Probablemente es uno de los ayunos al que con mayor frecuencia se hace referencia, sin embargo, dentro del ayuno de Daniel hay lugar para una amplia interpretación.

En el libro de Daniel encontramos dos épocas diferentes en que el profeta Daniel ayunó. Daniel 1 afirma que solo comía legumbres y agua, y en Daniel 10, aunque el pasaje no da una lista específica de alimentos que Daniel ingería, sí afirma que él no comía alimentos suculentos (exquisitos), así como tampoco carne o vino. Así que basados en estos dos versículos, podemos ver que cualquiera de estos, o la combinación de ambos, constituyen el ayuno de Daniel.

Nuevamente, es importante mencionar que no hay nada intrínsecamente espiritual en un tipo de ayuno como opuesto a otro. La base del ayuno de Daniel es frutas y vegetales. Podrían incluirse algunos vegetales feculentos, y lácteos, pero depende del individuo. Su objetivo debería ser buscar a Dios en oración al respecto y seguir lo que el Espíritu Santo le guíe a hacer. Solo recuerde: encuentre su zona de ayuno personal.

Ayuno con jugos

Un ayuno con jugos es sencillamente consumir jugos de frutas y vegetales y agua en vez de alimentos sólidos. Muchas personas incluyen también proteína de suero en su plan de líquidos. Este es uno de los ayunos más populares y efectivos. Aunque usted elija no hacer la totalidad de su ayuno solamente con líquidos, sustituir una o dos comidas por líquidos es una alternativa estupenda.

Ayuno con agua

El ayuno solamente con agua es el ayuno normal referido en la Biblia. Así es como ayunaban Jesús y la iglesia del Nuevo Testamento. Un ayuno de agua es simplemente eso: no ingerir alimentos ni beber líquidos excepto agua.

Yo hacía ayunos con agua mucho más a menudo cuando era joven, pero ahora encuentro que no puedo concentrarme muy bien al hacerlo. Solo ayuno con agua cuando sé que realmente puedo apartarme y estar solo por unos días, y le recomendaría a usted lo mismo. Cuando Jesús ayunó durante cuarenta días, se fue solo al desierto.

He observado que con un ayuno con agua generalmente me encuentro más con Dios después de haberlo finalizado. En cambio, cuando bebo solo jugos de frutas y vegetales tiendo a sentir más la presencia de Dios durante el ayuno. Ambos resultan bien, pero para algunas personas es difícil desempeñarse eficazmente en su trabajo y tener energía para su familia al beber solamente agua.

Sí recomiendo periódicos ayunos de agua, pero deberían extremarse las precauciones. Recomendaría consultar primero con el médico, y ayunar con agua solo por un día o dos a menos que pueda apartarse o que su trabajo realmente le permita desconectarse para dedicar toda su energía al ayuno. Experimentará cierta incomodidad la primera semana más o menos, pero valdrá la pena.

Dicho esto, conozco personas que pueden ayunar con agua y trabajar, y funcionan bien sin demasiada fatiga y son capaces de trabajar bien. Usted es bendecido si es una de esas personas.

Ayuno total

Un ayuno total es cuando no se consume nada: ni líquidos, ni alimentos sólidos, ni siquiera agua, por un periodo muy corto. Hay ejemplos de este ayuno en la Biblia. Era una clase de ayuno del Antiguo Pacto relacionado con el duelo o la angustia profunda, tal como cuando David hizo un ayuno total por una semana, esperando que Dios le concediera la vida al niño que había tenido con Betsabé (2 Samuel 12).

Bajo el Nuevo Pacto, no ayunamos por duelo ni buscando el perdón. Dios ya nos ha perdonado, y se nos ordena celebrar a Jesús porque Él está vivo. Además, la abstinencia absoluta de alimentos y agua puede ser muy peligrosa para nuestra salud. Intentar seguir un ayuno sin agua por cierto tiempo puede ser sumamente dañino para el cuerpo. **Desaconsejo rotundamente el ayuno total.**

4. Comience y termine bien el ayuno

Según la clase de ayuno que usted elija, es muy importante preparar su cuerpo antes de comenzarlo. Tome aproximadamente una semana de transición hacia su ayuno; de lo contrario, podría enfermarse. Por ejemplo, si quisiera hacer un ayuno de frutas y vegetales o de jugos, comience eliminando de su dieta la carne, los granos integrales, y los azúcares refinados la semana anterior. Además comience a disminuir un poco su ingesta diaria de productos lácteos y de cafeína.

El mismo principio se aplica a la finalización de su ayuno. Cuando lo termine, agregue alimentos de forma muy gradual. ¡Por favor no rompa su ayuno con una grasosa hamburguesa con queso! Debido a que su cuerpo está tan limpio y desintoxicado, es muy probable que se descomponga si lo hace.

Hay además muchos suplementos que usted puede ingerir que ayudarán en el proceso de desintoxicación durante el ayuno. Su tienda de alimentación naturista puede darle algunas recomendaciones.

AYUNO DURANTE LA LACTANCIA O EL EMBARAZO

No se recomienda el ayuno estricto durante el embarazo y la lactancia. Si usted se halla en esta increíble época de su vida pero desea participar en el plan de veintiún días, aquí tiene algunas estupendas opciones para considerar, *con la aprobación de su médico*:

- un ayuno de Daniel modificado incluyendo cereal integral, legumbres, proteínas de suero, calcio y suplementos de hierro
- ayunar dulces y postres
- ayunar carne roja
- ayunar ciertas diversiones (programas de televisión, películas, medios sociales "tales como Facebook/Twitter, videojuegos, etc.)

Si está embarazada o amamanta, su prioridad es la salud y el desarrollo del bebé que Dios le ha confiado. Que ese sea su criterio y parta desde allí. Y por favor consulte con su médico.

EL AYUNO Y LOS TRASTORNOS ALIMENTICIOS

Si usted ha lidiado con trastornos alimentarios, esta situación es una batalla de la mente que usted *puede ganar* por medio de Cristo (Filipenses 4:13). Recuerde, el ayuno es una herramienta usada para acercarse más a Dios, y realmente nos ayudará a evitar preocuparnos por la comida. Si su método para ayunar va a hacer de alguna manera que se obsesione con lo que come, necesitará cambiar su enfoque o su mentalidad.

Si dejar de comer es un tropiezo para usted, considere el ayuno de televisión, lectura (que no sea la Biblia, por supuesto), los medios sociales, o el ir de compras. Hay muchas distracciones y formas que usamos para mantener el control que podríamos eliminar de nuestra rutina cotidiana. Hacemos esas cosas para distraernos de los problemas reales que nos hieren. Si usted puede identificar tales cosas, quizás pueda renunciar a ellas en vez de a la comida.

Lo más importante que le animo a hacer es recordar que usted está cubierto por la gracia de Dios. Dios le mostrará qué hacer. Su "yugo es fácil" y su carga "ligera" (Mateo 11:30). La manera de Jesús le brindará descanso a su alma.

EJEMPLO DE MENÚES

Compartiré unas pocas simples opciones de menú para su uso en el ayuno de veintiún días. Su plan podría incluir una de estas ideas o una variación de todas ellas. Hasta podría mezclarlas, haciendo una alimentación algo diferente los fines de semana o en ciertos días de la semana. Nuevamente, ore por esto y encuentre lo que a usted le da resultado.

Para mantener su energía a lo largo del día es importante comer o beber cada dos horas y media o tres. Si se extiende más que esto, puede experimentar una baja de energía y ser tentado a ingerir demasiado en la comida siguiente. Aunque esté ayunando con frutas y vegetales, ingerir demasiado no es nada sabio.

Es muy importante beber mucha agua mientras ayuna. Yo recomiendo alrededor de cien onzas (aprox. 3 litros) de agua por día para mantener la función fundamental del hígado. El hígado es el filtro del cuerpo, de modo que cuando usted no bebe suficiente agua, el hígado no funciona a su máxima capacidad.

Seleccione sabiamente los elementos de su alimentación. No voy a mencionar ingredientes específicos que usted debería o no incluir en su plan. La clave está en preparar de antemano un plan de ayuno, para no ser legalista al respecto, y elegir bien los elementos del menú. Por ejemplo, si prefiere aderezo en las ensaladas, elija opciones orgánicas con ingredientes naturales, y no ponga un galón (unos 4 litros) de eso en su plato. Si bebe jugo de frutas, trate de que sea lo más natural posible, y no ingiera los que están sumamente procesados y cargados de azúcar. Recuerde no permitir que la comida sea el centro del ayuno, pero tome decisiones alimenticias sabias.

Ejemplo de menú 1: frutas, vegetales, jugos y agua

Desayuno
Licuado o batido de fruta con proteína de suero

Tentempié de media mañana
Frutas o vegetales frescos

Almuerzo
Ensalada de vegetales crudos con aderezo orgánico ligero y caldo de vegetales

Tentempié de media tarde
Frutas o vegetales frescos
Cena
Ensalada de vegetales frescos, aderezo orgánico ligero y vegetales hervidos o asados.
Agua
Ingiera mucha agua –al menos 100 onzas (aprox. 3 litros)– a lo largo del día para facilitar el proceso de desintoxicación.

Ejemplo de menú 2: Solamente líquidos
Desayuno
Licuado o batido de frutas con proteína de suero
Tentempié de media mañana
Té de hierbas o caldo de vegetales
Almuerzo
Jugo de vegetales crudos
Tentempié de media tarde
Jugo de fruta fresca o licuado o batido de fruta con proteína de suero
Cena
Jugo de vegetales o caldo de vegetales.
Agua
Beba mucha agua–al menos 100 onzas (aprox. 3 litros)–a lo largo del día para facilitar el proceso de desintoxicación.

Ejemplo de menú 3: ayuno de Daniel modificado
Desayuno
1 o 2 porciones de cereales integrales con jugo de fruta fresca
Tentempié de media mañana
Fruta fresca o trozos de vegetales frescas
Almuerzo
1-2 porciones de cereal integral; ensalada de legumbres frescas con aderezo orgánico ligero.
Tentempié de media tarde
Jugo de fruta fresca o licuado o batido de fruta con proteínas de suero
Cena
1-2 porciones de cereal integral; ensalada fresca con legumbres y aderezo orgánico.

Agua

Beba mucha agua–al menos 100 onzas (aprox. 3 litros)–a lo largo del día para facilitar el proceso de desintoxicación.

CONSEJOS FINALES

Aquí tenemos algunas otras ideas que pueden hacer más agradable y útil la experiencia del ayuno:

- Cuando seleccione el tipo de ayuno, haga un calendario de ayuno que se adecue a su plan. Decida cómo será cada día y cada semana. (Vea las páginas 142-143 como ejemplo).
- Mantenga su heladera y despensa abastecidas con la provisión que necesita. No estar preparado para ayunar lo deja listo para caer en tentación. Elija bien al seleccionar los productos, apéguese tanto como pueda a los alimentos crudos, limite los ingredientes artificiales, y mantenga fuera de la cocina los alimentos tentadores.
- Haga una prioridad de asistir a la iglesia durante su ayuno de veintiún días. Estar rodeado de otros creyentes lo animará a seguir adelante cuando el ayuno se torne difícil.
- Si está ayunando con otros, tal vez quiera reunirse semanalmente con un grupo pequeño. Para facilitarlo. use la "Guía de estudio para grupos pequeños" (se halla en la página 197)
- Si hace desarreglos, no se desaliente. Vuelva al camino y siga. Las misericordias de Dios "son nuevas cada mañana" (Lamentaciones 3:22-23). Él desea que usted finalice, y le dará la gracia y la fortaleza para hacerlo.

¡Que Dios lo acompañe mientras comienza su aventura del despertamiento!

CALENDARIO

Planifique su semana de ayuno	DOMINGO	LUNES	MARTES
	Día 1	Día 2	Día 3
	Día 8	Día 9	Día 10
	Día 15	Día 16	Día 17

Mi plan de ayuno personal: (enumere aquí qué alimentos o actividades estará ayunando):

_____

_____

_____

_____

_____

DE AYUNO

MIÉRCOLES	JUEVES	VIERNES	SABADO
Día 4	Día 5	Día 6	Día 7
Día 11	Día 12	Día 13	Dia 14
Día 18	Día 19	Día 20	Día 21

Durante este ayuno estoy orando por y confiando en Dios para:

_____

_____

_____

_____

_____

 DÍA 1

Regresen a mí

Ahora bien afirma el Señor, vuélvanse a mí de todo corazón, con ayuno, llantos y lamentos.
— Joel 2:12, NVI

SI OBSERVAMOS LA clase de ayuno que tenía lugar en el Antiguo Testamento, sería fácil suponer que la razón por la cual ayunamos es probarle a Dios nuestro arrepentimiento para obtener su misericordia. Bajo el Antiguo Pacto, se ve tal ayuno de arrepentimiento una y otra vez. Pero ahora, debido a la obra completa de Jesús en la cruz, las cosas han cambiado.

El ayuno no es algo que hacemos para obtener favor o perdón. Bajo el Nuevo Pacto, todo el mal que hemos hecho y haremos fue perdonado en la cruz, y cuando aceptamos a Cristo como nuestro Salvador, obtenemos la celebración de la misericordia dada gratuitamente a nosotros mediante nuestra relación con Él. El ayuno tiene que ver con acercarse más a Dios y entregarse en un nivel más profundo.

> No tenemos que ayunar por perdón. Todo el mal que hemos hecho y haremos fue perdonado en la cruz.

Cuando caminamos con Dios, hay veces en que nos sentimos lejos o desconectados de Él. Las palabras de Joel resuenan en nosotros, aunque vivamos en un contexto de gracia: "vuélvanse a mí de todo corazón". Hay momentos en que nos damos cuenta de que aunque hemos elegido seguir a Jesús, la llama de nuestro amor por Él se ha enfriado.

El tiempo empleado en oración cada día de ayuno puede darle como resultado una nueva riqueza, una conexión recompensada con el Padre. No importa donde esté usted en su viaje con Jesús, siempre puede dar un paso para acercarse más a Él.

Creo que el poder del ayuno en relación con la oración es la bomba atómica espiritual que nuestro Señor nos ha dado para destruir las fortalezas del enemigo y conducirnos a un gran avivamiento y a la cosecha espiritual en todo el mundo. — BILL BRIGHT

Plan de lectura bíblica: Salmos 1-2

Foco de la oración: Al comenzar este tiempo de oración y ayuno, volvamos nuestros corazones hacia Dios. Comprométase a buscarlo diariamente. Ore que su amor por Cristo sea incrementado y su pasión por Él vuelva a encenderse durante los próximos veintiún días.

Plan opcional de lectura del libro: Capítulo 1, páginas 4-6 (deténgase en "¿Vivir en la cumbre de una montaña?")

El diario del despertamiento

_____
_____
_____
_____
_____
_____
_____
_____

DÍA 2

Sintonice

Mis ovejas oyen mi voz, y yo las conozco, y me siguen.
— Juan 10:27

¿ALGUNA VEZ INTENTÓ sintonizar una estación de radio solo para terminar frustrado al encontrar más estática que música? Y cuando vuelve a toquetear el dial, de pronto escuchó una señal clara. El hecho es que esa señal clara siempre existió en la radio. La diferencia es que ahora usted ha ajustado su dial en la frecuencia correcta.

En nuestras ajetreadas vidas hay tantas señales que bombardean nuestros sentidos que se puede volver difícil distinguir la voz de Dios del ensordecedor ruido estático de la vida. El ayuno nos capacita para quitar la sintonía de las distracciones del mundo *y sintonizarnos* con Dios. Al ayunar, nos negamos a nuestra carne. Cuando nos negamos a nuestra carne, nos sintonizamos más con el Espíritu Santo y podemos oír con mayor claridad la voz de Dios. Si usted realmente busca oír la voz de Dios la oirá. Y cuando la oiga, su fe crecerá.

> El ayuno nos capacita para quitar la sintonía de las distracciones del mundo y sintonizarnos con Dios.

Si usted desea quitar la sintonía de la estática de la vida y sintonizarse realmente con la voz de Dios, venga a Él primero y, lo más importante, con oídos dispuestos a oír y un corazón listo para obedecer lo que Él diga (Salmos 34:18; Isaías 66:2). Mientras más practicamos estar en su presencia, más clara y reconocible se vuelve su voz.

> *El ayuno es importante, más importante, tal vez, que lo que muchos de nosotros suponemos Cuando se ejercita con un corazón puro y una correcta motivación, el ayuno puede proveernos una llave para abrir las puertas donde otros puedan haber fallado; una ventana abierta hacia nuevos horizontes en el mundo invisible; un arma espiritual de la provisión de Dios, "poderosa en Dios para la destrucción de fortalezas"*. — ARTHUR WALLIS

Lectura bíblica: Lucas 1

Foco de la oración: En este tiempo de ayuno, ¿en qué está sintonizada su mente? ¿Qué distracciones necesita quitar para poder enfocarse en Dios? Prepare su corazón para oír la voz de Dios, y pídale ayuda para quitar las distracciones que impiden que se concentre en Él y oiga su voz con claridad.

Plan opcional de lectura del libro: Capítulo 1, comenzando en la página 4 ("¿Vivir en la cumbre de una montaña?) hasta el final del capítulo.

El diario del despertamiento

_____
_____
_____
_____
_____
_____
_____
_____

 DÍA 3

El ayuno quita la incredulidad

> Y reprendió Jesús al demonio, el cual salió del muchacho, y éste quedó sano desde aquella hora. Viniendo entonces los discípulos a Jesús, aparte, dijeron: ¿Por qué nosotros no pudimos echarlo fuera? Jesús les dijo: Por vuestra poca fe; porque de cierto os digo, que si tuviereis fe como un grano de mostaza, diréis a este monte: Pásate de aquí a allá, y se pasará; y nada os será imposible. Pero este género no sale sino con oración y ayuno.
> — Mateo 17:18-21

CUANDO ORAMOS Y ayunamos, no lo hacemos para cambiar a Dios o cambiar su voluntad; sino que, al orar y ayunar, nosotros somos los cambiados. Alinearnos con Dios nos ayuda a poner freno a nuestras dudas y temores. Cuando oramos y ayunamos, lo que se va "lo que sale" es nuestra incredulidad. Cuando tenemos fe para creer, podemos orar con confianza y saber que "nada será imposible".

Pídale a Dios que fortalezca su corazón para creer plenamente en Él y en su Palabra. Es bueno darse cuenta y reconocer que lucha con la incredulidad. Ese es el primer paso para permitirle a Dios que

> Cuando oramos y ayunamos, no lo hacemos para cambiar a Dios o cambiar su voluntad; sino que, al orar y ayunar, nosotros somos los cambiados.

El Plan de El Despertamiento de 21 días

fortalezca su fe y lo coloque en alineación con el plan que Él tiene para su vida.

Tenga cuidado en sus oraciones, sobre todas las cosas, de no limitar a Dios, no solo por incredulidad, sino al imaginar que usted sabe lo que Él puede hacer. Espere "más allá de lo que podemos pedir o entender". — Andrew Murray

Plan de lectura bíblica: Lucas 2

Foco de la oración: ¿Para qué necesita tener fe? Póngase en línea con la Palabra y la voluntad de Dios durante este ayuno. Suelte su incredulidad. Ore con confianza, sabiendo que "nada será imposible" para usted.

Plan de lectura opcional: Capítulo 2

El diario del despertamiento

CONSEJOS PRÁCTICOS PARA EL AYUNO

El tercer día de su ayuno usted puede experimentar dolor de cabeza, dolores semejantes a la gripe, intensa ansiedad por azúcar o carbohidratos, náuseas leves, o fatiga. Esta es una respuesta normal a la desintoxicación, así que asegúrese de permitirse tiempo para descansar, y mantenga alta su ingesta de líquidos. El cuarto día por lo general es mucho mejor físicamente, ¡así es que siga adelante!

DÍA 4

Estar de acuerdo con la voluntad de Dios

¿Andarán dos juntos, si no estuvieren de acuerdo?
— Amós 3:3

EN EL CORAZÓN de cada creyente está el deseo de caminar íntimamente con Dios. Sabemos que también Él desea tener relación íntima con cada uno de nosotros. Una clave para tener un profundo nivel de intimidad espiritual con Dios es vivir de acuerdo con su voluntad.

En Génesis 5:22, leemos de Enoc y vemos que su vida dejó el modelo de un largo trayecto, caminando continuamente con Dios, ya que dice: "y caminó Enoc con Dios trescientos años".

> El nivel de nuestro acuerdo con Dios determinará el grado de intimidad de nuestro caminar con Él.

Enoc vivía una vida poderosa. Fue un hombre que caminó de acuerdo con la voluntad de Dios y vivió una vida agradable a Él (Hebreos 11:5).

Una cosa es *conocer* la voluntad de Dios para nuestras vidas; otra, vivir de acuerdo con ella. Apara disfrutar lo mejor que Dios tiene para nosotros, primero debemos comprender que Dios no cambia, pero que nosotros a veces debemos hacerlo. Busquemos fervientemente conocer la voluntad de Dios y estemos de acuerdo con ella. El nivel de nuestro acuerdo con Dios determinará el grado de intimidad de nuestro caminar con Él.

Creo firmemente que en el momento en que nuestros corazones sean vaciados del orgullo, el egoísmo, la ambición, el egotismo, y todo lo que sea contrario a la ley de Dios, el Espíritu Santo vendrá y llenará cada rincón; pero si estamos llenos de orgullo, y presunción no hay lugar para el Espíritu de Dios; y creo que muchos hombres están orando que Dios los llene cuando ya están llenos de otra cosa. Antes de orar para que Dios nos llene, creo que deberíamos orar para que nos vacíe. — D. L. Moody

Plan de lectura bíblica: Lucas 3

Foco de la oración: Hoy ore que pueda caminar de acuerdo con Dios y disfrutar de la vida que Él desea que usted tenga en Cristo.

Plan opcional de lectura bíblica: Capítulo 3, páginas 17-19 (deténgase en "La pasión expresa emoción").

El diario del despertamiento

DÍA 5 ☑

Cuando desciende la gracia

> Pues la ley por medio de Moisés fue dada, pero la gracia y la verdad vinieron por medio de Jesucristo.
> — Juan 1:17

¿ALGUNA VEZ SE ha preguntado cómo sería una visita personal de Dios? ¿Qué diría del estado de la humanidad? ¿Y de la religión? ¿Y de nuestra propensión al pecado?

No hay necesidad de preguntarnos cómo es Dios o lo que diría, porque lo conocemos; solo tenemos que mirar a Jesús. En Jesús hemos recibido la gracia, pero todavía hay algo más que hemos recibido: *la verdad*.

La clase de verdad de la Escritura actual no es una lista de leyes y reglamentos tales como los dados a Moisés. No se equivoque: la revelación de Dios por medio de la letra de la Ley fue gloriosa. Cuando Moisés descendió del Monte Sinaí después de recibir los Diez Mandamientos, su rostro brillaba tanto con la gloria de Dios que tenía que usar un velo (Éxodo 34:33-35). ¡Pero la palabra de la Ley no puede compararse con la palabra de *vida* que ha sido revelada por medio de Jesucristo!

> Es desde un estado de gracia, no de legalismo, que encontraremos la verdadera transformación duradera.

En Juan 1:18 aprendemos que nadie, ni siquiera Moisés, con su vislumbre de la espalda de Dios, ha visto a Dios. Pero Jesús no solo vio a Dios: Él *es* Dios. Esa verdad de la cual hablaba Juan es una visión clara y revelada de la verdadera naturaleza de Dios.

Mirar a Dios a través de las lentes del legalismo y la religión es como mirarlo a través de un velo. Solo cuando lo vemos por medio de Jesucristo podemos captar una vislumbre de su corazón. Es desde un estado de gracia, no de legalismo, que encontraremos la verdadera transformación duradera (2 Corintios 3:7-18).

> *No soy lo que debo ser, no soy lo que quiero ser, no soy lo que espero ser en otro mundo; ni siquiera soy lo que una vez fui, y por la gracia de Dios soy lo que soy.* — JOHN NEWTON

Plan de lectura bíblica: Lucas 4

Foco de la oración: ¿Ha estado usted mirando a Dios a través del velo del legalismo o de la religión? En Jesús, vemos la completa revelación de la naturaleza de Dios: Su amor y santidad, su justicia, su compasión y su poder expresados perfecta y hermosamente. Ore que el Espíritu Santo le ayude a ver a Dios a través de los ojos de la gracia y la verdad que nos han sido dadas en Jesucristo.

Plan opcional de lectura del libro: Capítulo 3, comenzando desde la página 17 ("La pasión expresa emoción") hasta el final del capítulo.

El diario del despertamiento

DÍA 6 ☑

El Espíritu está dispuesto

> Yo sé que en mí, es decir, en mi naturaleza pecaminosa no existe nada bueno. Quiero hacer lo que es correcto, pero no puedo. Quiero hacer lo que es bueno, pero no lo hago. No quiero hacer lo que está mal, pero igual lo hago. Ahora, si hago lo que no quiero hacer, realmente no soy yo el que hace lo que está mal, sino el pecado que vive en mí.
> — ROMANOS 7:18-20, NTV

HAY UNA GUERRA interna que ruge dentro de cada uno de nosotros. Pablo describió bien esto en Romanos 7. Aunque deseamos hacer lo correcto, no tenemos el poder para hacerlo en nuestra propia fuerza y lo echamos todo a perder.

La buena noticia es que no tenemos que confiar en nuestra propia fuerza para tomar decisiones correctas. No tenemos que estar dominados por nuestra naturaleza pecaminosa y terminar haciendo las cosas que no queremos. Pero la única manera en que podemos vivir esta clase de vida es rindiéndonos al Espíritu Santo y confiando en la fuerza de Cristo, no en la nuestra.

> Cuando afrontamos luchas, debemos confiar en el poder de Dios que está vivo dentro de nosotros por medio del Espíritu Santo.

Cuando afrontamos luchas, debemos confiar en el poder de Dios que está vivo dentro de nosotros por medio del Espíritu Santo. Cuando hemos nacido de nuevo, el Espíritu Santo mora en nosotros y nos pone el deseo de hacer lo que agrada a Dios (Hebreos 10:16). El Espíritu Santo siempre quiere hacer lo que es correcto y atenerse a la perfecta voluntad de Dios, agradando al Padre en todo.

Es nuestra tarea entregar nuestra terca voluntad carnal y rendirnos a la voluntad de Dios. En ese momento, el Espíritu Santo estará allí para ayudarnos. Aprendamos a rendirnos y depender totalmente del Espíritu Santo.

> *[La oración] transforma a los mortales comunes en hombres de poder. Trae el poder. Trae el fuego. Trae la lluvia. Trae la vida. Trae a Dios.* — SAMUEL CHADWICK

Plan de lectura bíblica: Proverbios 1

Foco de la oración: ¿Hay áreas de su vida que le están ocasionando lucha interna? Decida hoy entregarlas al Espíritu Santo y descanse en la fuerza de Él, no en la suya propia, para vencer los obstáculos de pecado y egoísmo que haya en su vida. Ríndase y entregue esas áreas a Dios, sabiendo que Él lo ayudará.

Plan de lectura opcional del libro: Capítulo 4, páginas 28-31 (deténgase en "La trampa del rendimiento")

El diario del despertamiento

DÍA 7

Oración ferviente

> La oración eficaz del justo puede mucho.
> — Santiago 5:16

EL FERVOR HABLA de nuestro nivel de intensidad, de pasión y persistencia. Muchas veces, podemos perder la pasión en la oración, o dejar de orar del todo por ciertas cosas porque nos desanimamos o nos rendimos. Pero Dios nos invita a mantenerlas delante de Él y a confiar en que Él responderá en su tiempo (Mateo 7:7-11).

El profeta Elías del Antiguo Testamento practicaba un estilo de vida de ferviente e intensa oración y fue testigo de increíbles milagros en su vida. En el libro de Reyes, se relata la historia de una mujer cuyo hijo se enfermó y murió (1 Reyes 17:17-24). Cuando Elías oyó la noticia, actuó rápidamente e hizo lo que mejor sabía hacer: clamó fervientemente a Dios. Elías creía absolutamente que Dios podía resucitar al niño, y oró no una vez sola sino tres, que el alma del niño volviera a él. Oraba ferviente y repetidamente y no iba a rendirse. Este fue el resultado: "Y Jehová oyó la voz de Elías, y el alma del niño volvió a él, y revivió" (versículo 22).

> Muchas veces, podemos perder la pasión en la oración, o dejar de orar del todo por ciertas cosas porque nos desanimamos o nos rendimos. Pero Dios nos invita a mantenerlas delante de Él y a confiar en que Él responderá en su tiempo.

La oración de Elías fue contestada por su persistencia y fervor. Dios también oye nuestras oraciones, y traerá una respuesta en su tiempo perfecto. Pero no se desaliente ni se desanime si la respuesta tarda en llegar o si no es exactamente lo que usted esperaba. Comprométase a orar a Dios con pasión y persistencia, confiando en que la respuesta vendrá de la manera perfecta y en el perfecto tiempo de Dios.

> *Nunca debemos olvidar que la más sublime clase de oración nunca es la de realizar peticiones. La oración del momento más santo es acercarse a Dios a un lugar de unión tan bendecido que en comparación hace que los milagros parezcan insulsos y las notables respuestas a la oración estén lejos de ser maravillosas.* — A. W. Tozer

Plan de lectura bíblica: Salmos 3-5

Foco de la oración: Mientras finaliza esta semana, continúe orando con fervor por las principales áreas de preocupación de su vida. Confíe que Dios traerá una respuesta mientras registra sus pensamientos e inspiración a lo largo de este tiempo.

Plan de lectura opcional del libro: Capítulo 4, comenzando en la página 28 ("La trampa del rendimiento") hasta el final del capítulo.

El diario del despertamiento

_____
_____
_____
_____
_____
_____
_____
_____

Segunda semana de su ayuno

ENTRAR A LA segunda semana de su ayuno puede presentarle un diferente nivel de desafío. Aunque es probable que usted haya experimentado una disminución de las ansias después del tercer día, ahora podría experimentar un resurgimiento de ellas.

Justamente en este tiempo, tiene lugar un cambio metabólico en su cuerpo. Si usted está consumiendo muchas menos calorías que las que solía, su cuerpo naturalmente se vuelve hacia sus propios recursos para encontrar suficiente combustible. Esos retortijones de hambre que está sintiendo ahora son, básicamente, que su cuerpo le pregunta: "Oye, ¿qué pasa? ¿Vas a darme algunas calorías más, o debo moverme hacia la próxima fuente disponible?". Esa próxima fuente disponible significa las reservas almacenadas mayormente en sus células lipídicas y algo en los músculos.

Durante la segunda semana es muy importante que se recuerde a sí mismo *por qué* está haciendo esto. Es aquí cuando en verdad nos damos cuenta de cuán débiles somos realmente, cuánto necesitamos la fuerza y la gracia de Dios, y no solo físicamente para guardarnos de comer. Necesitamos su gracia para ser más compasivos, más lentos para el enojo, menos críticos, más piadosos, más perdonadores y más generosos.

Durante los próximos días, si se apega a su ayuno, esto es lo que le sucederá a su cuerpo:

1. Su metabolismo disminuirá. En otras palabras, cambiará a un modo de operación que requiere menos energía "o calorías" para funcionar.

2. Un ciclo de consumo interno comenzará a usar sus depósitos de energía en la forma de grasa, y algo de

músculos. Para minimizar el deterioro muscular, beba dos vasos de proteína de suero por día.

3. Como las toxinas que consumimos y no eliminamos se almacenan mayormente en la grasa, usted también alcanzará un nuevo nivel de desintoxicación cuando su cuerpo comience a usar las reservas de lípidos.

¡Persevere! ¡Lo mejor está por venir!

DÍA 8 ☑

Óigalo a Él

> Este es mi Hijo amado, en quien tengo complacencia; a él oíd y alzando ellos los ojos, a nadie vieron sino a Jesús solo.
> — MATEO 17:5,8

EN EL MONTE de la transfiguración tres discípulos tuvieron una experiencia que nos mostró el plan del Padre para el Nuevo Pacto. Jesús llevó a Pedro, Jacobo y Juan a la cima del monte donde Él se transfiguró en su estado glorificado. Hasta este punto los judíos se habían relacionado con Dios por medio de la Ley "representada por Moisés y los profetas, uno de los cuales era Elías. Inspirado por lo que veía, Pedro ansiosamente ofreció erigir tres tabernáculos: uno para Jesús, otro para Moisés y otro para Elías. Entonces se oyó una potente voz del cielo: "Este es mi Hijo amado, en quien tengo complacencia; a él oíd".

Cuando los discípulos miraron, solo vieron a Jesús. En ese monte Dios dejó en claro que solo descubriremos su deleite siguiendo a Jesús. La gracia de Dios es dada gratuitamente a quienes reciben nueva vida en Él. A veces, sin embargo, hay áreas de nuestra vida en que no aceptamos plenamente la gracia de Dios. Puede haber circunstancias o áreas en que todavía intentamos ganar nuestro camino al Padre.

Usted no puede ganarse el deleite de Dios, pero puede experimentarlo en mayor grado mientras sigue a Jesucristo. Mientras busca a Dios hoy, pídale una revelación mayor de Jesús en su corazón. Entonces se le recordará que usted es un hijo amado de Dios. Y que Él tiene *complacencia* en usted.

Si el cielo fuera por mérito, nunca habría cielo para mí, ya que si yo estuviera allí diría: "Estoy seguro de que estoy aquí por error; estoy seguro de que este no es mi lugar; no tengo derecho a él". Pero si es por gracia y no por obras, entonces podemos caminar al cielo con osadía.
— CHARLES H. SPURGEON.

Plan de lectura bíblica: Lucas 5

Foco de la oración: ¿Cómo cambió el enfoque de su ayuno el comprender el Nuevo Pacto de la gracia? Mientras ora y busca a Dios, permita que la voz de Él sea la que usted oye más.

Plan de lectura opcional del libro: Capítulo 5, páginas 41-43 (deténgase en "Cuando ayuna")

El diario del despertamiento

___
___
___
___
___
___
___
___
___
___

CONSEJOS PRÁCTICOS PARA EL AYUNO

El octavo día usted podría experimentar:
- Fatiga: permítase tener descanso adicional si lo necesita
- Dolores musculares y dolor de cabeza
- Irritabilidad
- Visión borrosa

Todos estos síntomas son normales y pasarán. Asegúrese de continuar ingiriendo agua. Si come frutas y vegetales que contienen mucha agua, quizás no tenga deseo de beber mucha. Sin embargo, continuar ingiriéndola le ayudará a eliminar la segunda tanda de toxinas que su cuerpo libera y aliviará los síntomas con mayor rapidez.

Finalmente, más que nunca este es el momento en que más tiene que vigilar su concentración espiritual. Se avecinan días estupendos, ¡y se alegrará de haber seguido adelante este día y de no haberse rendido!

 DÍA 9

Limpiar la casa

> Porque los que son de la carne piensan en las cosas de la carne; pero los que son del Espíritu, en las cosas del Espíritu. Porque el ocuparse de la carne es muerte, pero el ocuparse del Espíritu es vida y paz.
> — Romanos 8:5-6

¿ALGUNA VEZ HA mirado encima de la heladera o en los profundos recovecos de los almohadones del sofá, y ha notado la suciedad que se ha ido acumulando con el tiempo? Aunque limpiemos regularmente, hay veces en que necesitamos hacerlo un poco más profundamente. Nos damos cuenta de que lo que en la superficie parecía estar limpio estaba, en realidad, bastante sucio.

Lo mismo puede ocurrir espiritualmente. Mientras nos ocupamos de la vida diaria, hay cosas que pueden acumularse con el tiempo. Aunque adoremos, oremos y leamos la Biblia regularmente, las diversas tentaciones, presiones y afanes de este mundo pueden acumularse rápidamente y terminar consumiendo nuestra vida. Sin siquiera darnos cuenta, podemos perder la paz, el gozo y la pasión por las cosas de Dios. Nuestro servicio a Dios, que nos llenaba de vida y entusiasmo, se convierte en una tediosa tarea que debemos cumplir. El ayuno es la limpieza profunda que nos ayuda a quitar nuestra mente de las cosas de este mundo y tener, en cambio, un renovado enfoque en las cosas del Espíritu. El ayuno nos ofrece una manera increíblemente efectiva de entrar hasta los rincones y recovecos de nuestra alma y sacar a la luz de la verdad de Dios todos esos polvorientos viejos hábitos, formas de pensar incorrectas y actitudes herrumbradas.

Al ayunar y orar, nuestro servicio a Dios vuelve a ser algo que *deseamos* hacer en vez de algo que *tenemos* que hacer.

> El ayuno es la limpieza profunda que nos ayuda a quitar nuestra mente de las cosas de este mundo y tener, en cambio, un renovado enfoque en las cosas del Espíritu.

Una de las razones para ayunar es conocer lo que hay en nosotros... Al ayunar surgirá. Usted lo verá. Y tendrá que tratar con eso rápidamente o volver a reprimirlo.
— JOHN PIPER

Plan de lectura bíblica: Lucas 6

Foco de la oración: Mientras ora y ayuna hoy, pídale a Dios que le muestre cualquier área en que podría usar un nuevo enfoque espiritual. Ore como David en el Salmo 51:10-12 que Dios limpie su corazón, renueve un espíritu recto, y le devuelva el gozo de su salvación. Ore con confianza, sabiendo que Él quiere llenarlo con su vida y su paz.

Plan de lectura opcional del libro: Capítulo 5, comenzando en la página 41 ("Cuando ayuna") hasta el final del capítulo.

El diario del despertamiento

_____
_____
_____
_____
_____
_____

DÍA 10

Fe inquebrantable

Pero pida con fe, no dudando nada.
— Santiago 1:6

¿QUÉ EXPECTATIVA TIENE usted cuando ora? Cuando oramos con ferviente expectativa, estamos ejercitando la fe. La oración ferviente de una persona justa tiene mucho poder y da resultados maravillosos (Santiago 5:16, NTV), y las oraciones más eficaces surgen de nosotros cuando reconocemos nuestra necesidad de Dios.

Puede haber una tendencia natural a apocarse al orar por lo aparentemente imposible, pero debemos recordar que nada es imposible para Dios (Lucas 1:37). Si conocemos las promesas que Dios nos ha dado, y comprendemos su carácter y los principios por los cuales actúa, podemos orar con confianza y descansar en su respuesta.

> Las oraciones más eficaces surgen de nosotros cuando reconocemos nuestra necesidad de Dios.

¿Qué ha causado que usted titubee en su expectación en Dios? Santiago nos recuerda que la fe y el titubear son verdaderamente contradictorios. Santiago dice: "no dudando nada". Sepa que Dios nunca titubea en su amor por usted. Puede confiar en Él completamente.

No hay otra manera en que los cristianos puedan hacer a título personal más para promover la obra de Dios y avanzar en el Reino de Cristo como por medio de la oración. — Jonathan Edwards

Cuando dependemos de las organizaciones, logramos lo que las organizaciones pueden hacer; cuando dependemos de la educación, logramos lo que la educación puede hacer; cuando dependemos del hombre, logramos lo que el hombre puede hacer; pero cuando dependemos de la oración, logramos lo que Dios puede hacer. — A. C. Dixon

Plan de lectura bíblica: Lucas 7

Foco de la oración: ¿Qué espera usted de Dios en este tiempo? ¿Cómo puede alinear sus expectativas con la Palabra de Dios cuando ora? Encuentre en su Palabra las promesas que responden a su necesidad y anótelas hoy.

Plan de lectura opcional del libro: Capítulo 11.

El diario del despertamiento

_____
_____
_____
_____
_____
_____
_____
_____

 DÍA 11

La oración y el proceso

> Luego le dijo a su sirviente: "Ve y mira hacia el mar. Su sirviente fue a mirar, y regresó donde estaba Elías y le dijo: "No vi nada". Siete veces le dijo Elías que fuera a ver. Finalmente, la séptima vez, su sirviente le dijo: "Vi una pequeña nube, como del tamaño de la mano de un hombre, que sale del mar". Entonces Elías le gritó: "Corre y dile a Acab: "Sube a tu carro y regresa a tu casa. ¡Si no te apuras, la lluvia te detendrá!".
> — 1 Reyes 18:43-44, NTV

¿CÓMO SÉ QUE Dios va a decir *sí* a mis oraciones? Esta es una inquietud común a muchas personas cuando buscan una vida de oración confiada. Sin embargo, es importante reconocer que la oración no es solamente asunto de respuestas; también se trata de glorificar a Dios en el proceso de esperar la respuesta. Es nuestra responsabilidad examinar nuestras motivaciones y creer que Dios nos oye.

Vemos un ejemplo del proceso de la oración en este relato de Elías (1 Reyes 18). Elías subió a la cima del monte para orar para que lloviera. Mientras esperaba la lluvia, continuó orando, creyendo que Dios respondería. Cuando finalmente vio una nube pequeña, le dijo a Acab que se preparara porque venía la lluvia. Elías sabía por qué orar, y Dios lo oyó la primera vez

> La oración no es solamente asunto de respuestas; también se trata de glorificar a Dios en el proceso de esperar la respuesta.

que lo hizo. Pero era necesario que tuviera lugar una preparación para que Elías recibiera la respuesta a su oración.

No es un error que Dios esperara hasta que Elías hubo orado siete veces antes de responderle. En la Biblia, el siete representa la completud. En este relato, el siete representa la completud del proceso de Dios con respecto al pedido de oración de Elías.

Dios no quiere meramente responder nuestras oraciones; quiere pasar tiempo con nosotros a fin de prepararnos para la respuesta que vendrá. Muchas veces queremos saltear el proceso que implica comprometernos con Dios en oración mientras esperamos la respuesta. Pero es este mismo proceso el que nos da madurez y nos prepara para las respuestas que traerán nuestras oraciones (Santiago 1:4).

> *La razón por la que muchos fracasan en la batalla es porque esperan hasta el momento de la batalla. La razón por la que otros triunfan es porque han obtenido su victoria de rodillas mucho antes de que comenzara la batalla. Anticípese a sus batallas; peléelas de rodillas antes de que venga la tentación, y siempre tendrá la victoria.* — R. A. Torrey

Plan de lectura bíblica: Lucas 8

Foco de la oración: ¿Qué oraciones suyas todavía esperan una respuesta? A lo largo de este ayuno, agradezca a Dios por el proceso que lleva a cabo en usted y confíe en Él.

Plan de lectura opcional del libro: Capítulo 6, páginas 57-59 (deténgase en "La oración ferviente")

El diario del despertamiento

_____

_____

_____

_____

DÍA 12

Orar osadamente

> Cuando llegó la hora de ofrecerse el holocausto, se acercó el profeta Elías y dijo: Jehová Dios de Abraham, de Isaaac y de Israel, sea hoy manifiesto que tú eres Dios en Israel, y que yo soy tu siervo
>
> — 1 Reyes 18:36

EL SACRIFICIO AL cual se hace referencia anteriormente fue una declaración de que Elías era un siervo del Dios Altísimo. Elías le pertenecía a Dios, y representaba a Dios ante el pueblo. Sin embargo, su osadía no era el resultado de quien era *él*; era el resultado ide conocer a *Dios*!

Como hijos de Dios bajo el Nuevo Pacto, no tenemos que ser tímidos o temerosos al acercarnos a Dios en oración. Podemos acercarnos a Él osadamente.

> Así que acerquémonos con toda confianza al trono de la gracia de nuestro Dios. Allí recibiremos su misericordia y encontraremos la gracia que nos ayudará cuando más la necesitemos.
>
> — Hebreos 4:16, NTV

Es intimidante pensar en tomar una actitud valiente, confiada y osada al acercarnos a Dios en oración. Sin embargo, ¡esto es exactamente lo que se nos exhorta que hagamos! Dios ya ha resuelto el problema de nuestro acceso a Él, pero podemos estar seguros de que dicho acceso no se debe a nuestra propia justicia. Se debe a lo que Jesús hizo en la cruz.

Podemos venir ante el trono con tal osadía extrema ¡porque Jesús es extremadamente justo! Cuando oramos, venimos ante Dios en la autoridad del nombre de Jesús, y podemos confiar en que hallaremos gracia, misericordia y socorro perfectamente oportuno.

> *El ayuno no es un fin en sí mismo; es un medio por el cual podemos adorar al Señor y someternos a Él en humildad. Si ayunamos, o ayunamos más tiempo, no hacemos que Dios nos ame más de lo que ya nos ama [el ayuno] invita a Dios a entrar al problema. Entonces, en la fuerza de Dios, la victoria es posible.* — ELMER L. TOWNS

Plan de lectura bíblica: Lucas 9

Foco de la oración: ¿Usted se acerca a Dios con timidez o con confianza? Busque a Dios con osadía hoy sabiendo que está plenamente perdonado y que Jesús lo ha hecho justo. Cuando se acerque a Dios en oración, busque una nueva revelación de quién es Él en su vida.

Plan de lectura opcional del libro: Capítulo 6, comenzando en la página 57 ("La oración ferviente") hasta el final del capítulo.

El diario del despertamiento

_____
_____
_____
_____
_____
_____
_____
_____

# DÍA 13

Cultivar el hambre espiritual

> Y luego el Espíritu le impulsó al desierto. Y estuvo allí en el desierto cuarenta días, y era tentado por Satanás, y estaba con las fieras; y los ángeles le servían.
> — MARCOS 1:12-13

HASTA JESÚS SE desconectó del mundo para ayunar y orar. Mateo, Marcos y Lucas cuentan que Jesús se fue al desierto por cuarenta días y cuarenta noches. También describen otras veces en que Jesús se apartó de las demandas de las multitudes, de su ministerio y hasta de sus amigos íntimos para orar.

Hay momentos en que también nosotros necesitamos alejarnos de las cosas del mundo y enfocarnos en Dios. "Las cosas del mundo" seguramente incluye mucho más que la comida. En realidad, en nuestro mundo actual es más probable que lo sean la televisión, las películas, Facebook, Twitter, teléfonos celulares y la Internet. Ninguna de estas cosas son malas en sí mismas, pero son avenidas para que el tumulto mental y espiritual nos rodee y ahogue la voz del Espíritu Santo.

> El ayuno es un medio para desconectarse de las distracciones de la vida diaria y elegir conscientemente concentrarnos más en Dios.

El ayuno es un medio para desconectarse de las distracciones de la vida diaria y elegir conscientemente concentrarnos más en Dios.

Renunciar a la alimentación física es el primer paso para iniciar ese proceso. Sin embargo, si lo piensa, en nuestra vida cotidiana alimentamos tanto nuestra alma como nuestro cuerpo. Lo hacemos leyendo, conversando, socializando, jugando y mediante los entretenimientos. Cuando nuestra alma está llena de esas cosas, con frecuencia no tenemos hambre de Dios.

Durante este tiempo de ayuno, estamos seguros de sentir hambre físico, pero propongámonos cultivar también el hambre espiritual. Alejémonos de la multitud y dejemos de lado por un tiempo las actividades que usamos para alimentar nuestra alma. Mejor entremos en un estado de hambre espiritual, de ansiedad por la justicia. Jesús dijo que tener hambre espiritual es un estado bendito, porque podemos estar seguros de que seremos saciados con el alimento que satisface nuestras necesidades más profundas (Mateo 5:6).

> *El ayuno nos ayuda a expresar, a profundizar, y a confirmar la resolución de que estamos listos para sacrificar cualquier cosa, sacrificarnos a nosotros mismos, para obtener lo que buscamos para el Reino de Dios La oración es extendernos hacia Dios y hacia lo que no se ve; ayunar para soltar todo lo que es visible y temporal.*
> — ANDREW MURRAY

Plan de lectura bíblica: Salmos 6-7

Foco de la oración: Durante este tiempo de oración, encontrará que el estar quieto delante de Dios lo coloca en un lugar de creciente fortaleza, paz, y hambre de Dios. ¿Está desconectado de las cosas que alimentan su cuerpo y su alma? ¿Qué necesita negarse para hacer de este un tiempo magnífico en su vida?

Plan de lectura opcional del libro: Capítulo 7, páginas 69-71 (deténgase en "El ayuno elimina la mugre")

El diario del despertamiento

DÍA 14

Alineación con el cielo

> Venga tu reino. Hágase tu voluntad, como en el cielo, así también en la tierra.
> — Mateo 6:10

TODOS HEMOS OÍDO la frase: "Como en el cielo, así también en la tierra". Cuando Jesús enseñó a sus discípulos a orar en Mateo 6:9-13 proveyó la idea de cómo podría ser "el cielo en la tierra".

En realidad, el cielo es el lugar donde la voluntad de Dios reina suprema. Si queremos gustar del cielo en la tierra, entonces nuestra oración debería ser como la de Jesús: "Venga tu reino. Hágase tu voluntad". La motivación más pura para nuestras oraciones es que Dios sea glorificado y que su voluntad reine absoluta en nuestra vida, así como en el cielo.

En un nivel más personal, podemos orar que su voluntad no tenga trabas en nuestra propia vida. En vez de imponernos su voluntad, Dios nos da la oportunidad de rendirnos a ella con confianza y alegría.

> La motivación más pura para nuestras oraciones es que Dios sea glorificado y que su voluntad reine absoluta en nuestra vida, así como en el cielo.

Cuando nos rendimos al señorío de Cristo en cada área de nuestra vida, nos ponemos de acuerdo con Él. Experimentamos la alineación con el cielo y nos posicionamos para probar una pizca del cielo en la tierra.

La voluntad de Dios entonces se convierte en lo que deseamos y lo que más buscamos. Entramos en la increíble aventura de participar en el plan de Dios para hacer avanzar su Reino aquí en la tierra. Es así como encontramos la vida gozosa más plena, pero todo comienza con un "Sí, Señor" personal, de nuestra parte.

> *Todo lo que Dios es, y todo lo que Dios tiene, está a disposición de la oración . . . La oración puede hacer cualquier cosa que Dios puede hacer, y como Dios puede hacer cualquier cosa, la oración es omnipotente.* — R. A. Torrey

> *Nuestras oraciones preparan la pista sobre la cual el poder de Dios puede venir. Como una poderosa locomotora, su poder es irresistible, pero no puede alcanzarnos sin rieles.*
> — Watchman Nee

Plan de lectura bíblica: Lucas 10

Foco de la oración: ¿En su vida, cómo es la voluntad de Dios "como en el cielo, así también en la tierra"? ¿Los deseos de su corazón se alinean con la voluntad de Dios? Mientras buscamos juntos a Dios, oremos como Jesús nos enseñó: "Venga tu reino. Hágase tu voluntad".

Plan de lectura opcional del libro: Capítulo 7, comenzando en la página 69 ("El ayuno elimina la mugre") hasta el final del capítulo.

El diario del despertamiento

_____
_____
_____
_____

Preguntas en el camino

¿Y SI TROPIEZO? ¿Y SI FALLO?

"¿Y si me desordeno y como algo que no está en mi plan?"

"¿Y si no puedo seguir sin algo como la cafeína como lo había planeado?"

"¿Dios todavía honrará mi ayuno?"

Recuerdo cuando hace algunos años alguien me preguntó si alguna vez "había echado todo a perder" en un ayuno. Tuve que reírme, porque por supuesto la respuesta era un rotundo sí. Realmente me ha llevado años desarrollar un estilo de vida de ayuno para llegar donde estoy ahora. Con el tiempo el ayuno se vuelve más fácil, pero es una actividad espiritual en la cual es muy fácil que la condenación trate de arraigarse. ¡No permita que eso suceda!

Elegir comenzar un ayuno es bastante similar a establecer metas en la vida. Es bueno plantearnos desafío a nosotros mismos y establecer metas altas. Cada vez que me preparo para un ayuno, establezco objetivos que están generalmente mucho más allá que los anteriores, y siempre están más allá de lo que sé que puedo hacer en mi propia fuerza. Cuando ponemos metas altas, a veces el resultado natural es que fallemos en alcanzarlas. Pero eso nunca debería impedir que nos extendamos tan alto como podamos. Entonces, ¿Qué si usted echa todo a perder? ¿Qué debería hacer entonces? Proverbios 24:16 dice: "porque siete veces podrá caer el justo, pero otras tantas se levantará; los malvados, en cambio, se hundirán en la desgracia" (NVI).

Este concepto de "caer y volverse a levantar" ha sido un principio formativo en mi vida en muchas áreas, y no es para nada diferente en el campo de la devoción a Dios. Lo que importa no es que tropecemos, ¡sino que nos levantemos otra vez! El verdadero fracaso solo ocurre cuando dejamos que la adversidad nos aplaste.

Quizás usted ha intentado participar de este ayuno, pero se encontró tropezando por el camino. Quiero alentarle a que lo intente nuevamente durante esta última semana. No se desaliente al considerar las veces en que cedió ante el hambre o echó todo a perder. Pero aliéntese con esto: cuando nos acercamos a Dios Él se acerca a nosotros (Santiago 4:8). Él quiere acercarse a usted, ¡así que manténgase en pie! Tengo la confianza de que será recompensado y bendecido por su perseverancia.

DÍA 15

La palabra hablada

Dicho esto, gritó con todas sus fuerzas: ¡Lázaro, sal fuera!
— Juan 11:43, NVI

EL RELATO DE la muerte de Lázaro y su resurrección refleja el poder de la palabra hablada de Jesús. Jesús estaba tan en sintonía con la voluntad de su Padre que Él ya sabía en su corazón que iba a ocurrir el milagro, pero sus palabras lo hicieron realidad.

Mientras que la oración es la declaración de nuestra dependencia de Dios, nuestras palabras habladas pueden ser la manifestación de lo que está ocurriendo en nuestro corazón. Hay poder en nuestras palabras habladas, sea que se usen para edificar o para derribar. Es importante mantener nuestros corazones llenos de la verdad de la Palabra de Dios para que nuestras palabras produzcan buen fruto.

Mientras busca a Dios en oración, pídale discernimiento para conocer una necesidad y las palabras para ayudar a alguien hoy. Ore que sus palabras sean alentadoras, edificantes y alineadas con la verdad de la Palabra de Dios. Edificar con nuestras palabras a quienes nos rodean nos permite ser instrumento de Dios para completar su buena obra.

> Mientras que la oración es la declaración de nuestra dependencia de Dios, nuestras palabras habladas pueden ser la manifestación de lo que está ocurriendo en nuestro corazón.

> *La clave para orar con poder es convertirnos en la clase de persona que no usa a Dios para sus fines sino que está completamente consagrada a ser usada para los fines de Dios.*
> — John Piper

> *Estoy persuadido de que el amor y la humildad son los logros más altos en la escuela de Cristo, y las evidencias más brillantes de que en verdad Él es nuestro maestro.*
> — John Newton

Plan de lectura bíblica: Lucas 11

Foco de la oración: Mientras Dios continúa llenándolo a través de este tiempo de oración y ayuno, Él quiere tomar lo que hay ahora en su corazón y compartirlo con los demás. ¿De qué manera puede usted usar el poder de sus palabras habladas para declarar la verdad de Dios en la vida de otros?

Plan de lectura opcional del libro: Capítulo 8, página 75-81 (deténgase en "Alineación")

El diario del despertamiento

_____
_____
_____
_____
_____
_____
_____

CONSEJOS PRÁCTICOS PARA EL AYUNO

Para muchos, la tercera semana ¡se siente como la semana de la victoria! Ahora su cuerpo debería estar perfectamente desintoxicado, y si atravesó con éxito ese cambio metabólico que ocurrió en la segunda semana, probablemente se encontrará avanzando sin esfuerzo hasta el día veintiuno.

Como su cuerpo se ha acostumbrado a menos alimentos, es mucho más que probable que experimente menos retortijones de hambre. Ya que su cuerpo se ha desintoxicado, probablemente también tenga menos dolores musculares y de cabeza. Debido a que su cuerpo no está usando mucha energía para digerir alimentos, puede dedicar más energía a los procesos restaurativos. Durante esta última semana incluso puede encontrar que duerme mejor.

Espiritualmente hablando, esta semana puede ser realmente efectiva ya que se encuentra en su "zona de ayuno" y su mente ha logrado concentrarse más en Dios.

DÍA 16

Sacarse la ropa de la tumba

Quítenle las vendas y dejen que se vaya, les dijo Jesús.
— Juan 11:44, NVI

Cuando se trata del poder transformador de Dios obrando en la vida de alguien, Dios a menudo usa personas para traer cambios de vida divinos. El relato de Lázaro en Juan 11 ilustra cómo fue que el poder de la oración de Jesús y la palabra hablada resucitó a Lázaro de los muertos, pero los discípulos cumplieron un rol también en este milagro.

Lázaro estaba atado de pies y manos con las vendas de la sepultura, y su rostro, había sido envuelto con un paño durante su tiempo en la tumba. Cuando resucitó y salió de la tumba, Jesús llamó a sus discípulos para ayudar en el proceso de transformación. Jesús les dijo: "Quítenle las vendas y dejen que se vaya". Era necesario que los discípulos ayudaran a Lázaro. De la misma manera, todos nosotros tenemos que cumplir una parte en la vida de quienes nos rodean.

> Cuando se trata del poder transformador de Dios obrando en la vida de alguien, Dios suele usar personas para traer cambios de vida divinos.

Dios ha hecho cosas increíbles a nuestro alrededor durante este ayuno. ¿Podría ser que alguien de su entorno todavía camine con ropa de la tumba? ¿Qué necesita usted para ayudarlo y dejarlo ir?

Hablar a los hombres por Dios es algo grande, pero hablar a Dios por los hombres es todavía mayor. — E. M. Bounds

La verdadera oración se mide por el peso, no por la extensión. Un simple gemido delante de Dios puede tener más llenura de oración en él que una magnífica oración muy extensa. — Charles Spurgeon

Plan de lectura bíblica: Lucas 12

Foco de la oración: ¿Quién en su entorno todavía camina con la ropa de la tumba? Piense en amigos y familia o aquellos que usted sabe que no conocen a Dios. ¿Qué parte le ha llamado Dios a cumplir en los cambios de vida que Él quiere darles?

Plan de lectura opcional del libro: Capítulo 8, comenzando en la página 75 ("Alineación") y deténgase en la página 81 ("Misión")

El diario del despertamiento

 DÍA 17

Humildad

Cuando llegaron al gentío, vino a él un hombre que se arrodilló delante de él, diciendo: Señor, ten misericordia de mi hijo, que es lunático, y padece muchísimo; porque muchas veces cae en el fuego, y muchas en el agua. Y lo he traído a tus discípulos, pero no le han podido sanar.
— MATEO 17:14-16

QUÉ GRAN EJEMPLO de humildad: este hombre se aproximó a Jesús y se arrodilló delante de Él en medio de la multitud. Mientras se aproximaba, el padre creía que Jesús podría aliviar a su hijo. Pero aun en esta creencia, su aproximación era humilde y sumisa a lo que Cristo elegiría hacer.

Examinando más el relato, encontramos que el padre también fue persistente y rehusó sentirse ofendido. Aunque los discípulos no pudieron ayudarlo dejó de lado su temporal decepción por el fracaso de ellos y siguió buscando a Jesús: la solución a su situación, la fuente de alivio a su prueba.

> Acercarse a Dios con un corazón humilde siempre lo pondrá en posición de hallar alivio en Jesús.

Ser humilde ante Dios es darnos cuenta de nuestra necesidad de Él, someternos a su voluntad, buscarlo, y confiar en que la solución ocurrirá en el perfecto tiempo de Dios.

Confíe en que acercarse a Dios con un corazón humilde siempre lo pondrá en posición de hallar alivio en Jesús. No se avergüence de humillarse delante de Dios, aun en presencia de otros. Aunque puedan surgir ofensas o desilusiones, continúe siguiendo a Jesús. Quizás no obtenga alivio inmediato, pero sepa esto: ¡*Dios nunca llega tarde y su solución siempre es perfecta!*

Cuanto más alto esté un hombre en la gracia, más bajo estará en su propia estima. — CHARLES SPURGEON

Plan de lectura bíblica: Proverbios 2

Foco de la oración: La oración es una postura de humildad. Humíllese delante del Señor cada día y traiga sus preocupaciones a Él. Él quiere encontrarlo donde usted está y contestar cada una de sus necesidades. Ore, también, que Dios le ayude con la desilusión y el desaliento que todos afrontamos durante el camino. ¿Hay desaliento en su corazón hoy? Anótelo y entrégueselo a nuestro perfecto Dios.

Plan de lectura opcional del libro: Capítulo 8, comenzando en la página 81 ("Misión") hasta el final del capítulo

El diario del despertamiento

 DÍA 18

En cambio, ore

> No se preocupen por nada; en cambio, oren por todo. Díganle a Dios lo que necesitan y denle gracias por todo lo que él ha hecho. Así experimentarán la paz de Dios, que supera todo lo que podemos entender. La paz de Dios cuidará su corazón y su mente mientras vivan en Cristo Jesús.
> — Filipenses 4:6-7, NTV

LA PREOCUPACIÓN PARECE ineludible en la vida moderna. Sin duda hay mucho de qué preocuparse: nuestros hijos, la economía, el calentamiento global, la guerra, las enfermedades a veces hasta podría parecer que la preocupación reemplaza a Jesús como el centro de nuestra vida. Jesús nos amonestó varias veces acerca de que no nos preocupemos. Y el apóstol Pablo nos dijo que hay un antídoto para la preocupación la oración.

Cuando nos preocupamos por algo, gastamos energía en eso, preguntándonos qué podría pasar, repitiendo en nuestra mente los "si solamente" y los "y si". ¿Por qué, en cambio, no tomar esa misma energía y reconcentrarnos en la oración? Cuando nos preocupamos, sencillamente nos hablamos a nosotros mismos sobre nuestros miedos, pero cuando oramos le llevamos esos miedos a Dios. Nosotros no podemos controlar el futuro, pero como dijo Anne Graham Lotz en su libro *Fear Not Tomorrow, God Is Already There*, (No tema al mañana: Dios ya está allí), nuestro eterno Dios es dueño del futuro.

Él sabe exactamente lo que va a suceder. Y promete estar con nosotros en cada paso de este viaje.

Mientras nos acercamos al cierre de este tiempo de oración y ayuno, atendamos las palabras de Pablo de "sean conocidas vuestras peticiones delante de Dios en toda oración y ruego". Entonces la paz de Dios guardará su corazón.

> Nuestro eterno Dios es dueño del futuro. Él sabe exactamente lo que va a suceder. Y promete estar con nosotros en cada paso de este viaje.

Desarrollar una confianza inquebrantable en Dios mientras enfrenta su mañana no tiene que ver con la autosuperación o con dominar sus circunstancias, sino con Dios: quién es Él, lo que Él hace, y cómo podemos confiar en Él.
— Anne Graham Lotz

Tenemos que orar con nuestros ojos puestos en Dios, no en las dificultades. — Oswald Chambers

Plan de lectura bíblica: Lucas 13

Foco de la oración: ¿Qué es lo que lo hace preocuparse continuamente? Hoy, recapture cada pensamiento de ansiedad y envíeselo a Dios como una oración. ¡Vea cómo su perspectiva cambia drásticamente cuando la paz de Dios es activada por medio de la oración!

Plan de lectura opcional del libro: Capítulo 9, páginas 94-96 (deténgase en "Experimentar el pecado frente a experimentar con Dios")

El diario del despertamiento

_____
_____
_____
_____
_____
_____
_____
_____
_____

DÍA 19

Andar en el poder del Espíritu Santo

> Y Jesús volvió en el poder del Espíritu a Galilea, y se difundió su fama por toda la tierra de alrededor.
> — Lucas 4:14

DESPUÉS DE ORAR y ayunar durante cuarenta días, Jesús regresó a Galilea investido de poder para hacer todo lo que el Padre lo había llamado hacer. Jesús tenía mucho poder en público porque oraba mucho en privado.

Para cumplir la misión que Dios nos ha dado en nuestra vida, también necesitamos el poder del Espíritu Santo obrando dentro y a través de nosotros. Dios no espera que pasemos por los desafíos de la vida sin este poder.

La oración y el ayuno nos traen al lugar en que podemos recibir ese poder. Andar en el poder del Espíritu Santo es vivir con la comprehensión de la fuerza y la autoridad dadas por Dios a nuestra vida para cumplir su voluntad.

> Jesús tenía mucho poder en público porque oraba mucho en privado.

Por medio de la oración y el ayuno, Dios nos prepara para lo que está delante. Podríamos no conocer los obstáculos que vamos a afrontar, pero sí podemos saber que Dios nos será fiel. Él nunca nos dejará (Hebreos 13:5) y nos capacitará para enfrentar todo desafío que la vida nos depare.

Todo gran mover de Dios puede rastrearse hasta una figura que está de rodillas. — D. L. Moody

Plan de lectura bíblica: Lucas 14

Foco de la oración: Hoy, mientras adora a Dios en oración, hágale saber que se rehúsa a entrar al futuro sin su poder y que quiere todos los recursos espirituales que Él tiene para usted.

Plan de lectura opcional del libro: Capítulo 9, comenzando en la página 94 ("Experimentar el pecado frente a experimentar a Dios") hasta el final del capítulo

El diario del despertamiento

_____
_____
_____
_____
_____
_____
_____
_____
_____
_____

DÍA 20

Un odre nuevo

> Ni echa nadie vino nuevo en odres viejos. De hacerlo así, el vino nuevo hará reventar los odres, se derramará el vino y los odres se arruinarán. Más bien, el vino nuevo debe echarse en odres nuevos.
> — Lucas 5:37-38, NVI

DOS COSAS QUE no se mezclan son el *vino nuevo* y los *odres viejos*. La razón es sencilla: los odres viejos no pueden crecer y estirarse para contener el vino nuevo.

El vino nuevo con el cual Dios quiere llenarlo es una figura del Espíritu de Dios, y este vino es expansivo. Un recipiente que está muerto, seco, rígido y contraído no puede ser confiable como depósito del valioso tesoro de Dios. Nuestras vasijas deben ser preparadas para la fresca, dinámica y viviente presencia de Dios, porque todo lo que haremos fluirá desde allí.

Esta preparación viene mediante la oración y el ayuno, durante los cuales producimos un recipiente que está listo para lo nuevo que Dios quiere hacer. El vino nuevo de Dios siempre nos cambia expandiendo nuestra fe, ensanchando nuestro propósito, y trayéndonos una visión renovada.

> El vino nuevo de Dios siempre nos cambia expandiendo nuestra fe, ensanchando nuestro propósito, y trayéndonos una visión renovada.

Dios no está en los odres viejos; depende de nosotros despojarnos de ellos. Mientras lo buscamos a

Él en este tiempo, desechemos los odres viejos y pidamos a Dios que prepare plenamente nuestro corazón para lo que viene.

Dios se hizo hombre para transformar las criaturas en hijos; no meramente para producir mejores hombres de la vieja clase, sino para producir una nueva clase de hombre.
— C. S. Lewis

Plan de lectura bíblica: Salmos 8-9

Foco de la oración: ¿Qué es lo que ha hecho que usted se retraiga en su expectación de lo que Dios quiere hacer en su vida? ¿Está listo para expandirse más allá de lo reconocible? Eso es lo que el vino nuevo de Dios hará en y a través de usted. Ore que el Señor ensanche su vida para glorificarlo a Él, dándole valentía para salir y ser usado por Él.

Plan de lectura opcional del libro: Capítulo 10

El diario del despertamiento

DÍA 21

¿Cuál es su misión?

> Jesús, lleno del Espíritu Santo, volvió del Jordán y fue llevado por el Espíritu al desierto. Allí estuvo cuarenta días y fue tentado por el diablo. No comió nada durante esos días, pasados los cuales tuvo hambre Jesús regresó a Galilea en el poder del Espíritu, y se extendió su fama por toda aquella región. Enseñaba en las sinagogas, y todos lo admiraban.
> — Lucas 4:1-2, 14-15, NVI

EL AYUNO Y la oración son esenciales para recibir una visión clara del camino específico de Dios para nuestra vida. Muchas veces después de un tiempo de oración y ayuno tenemos una comprensión más definida de la parte que nos toca en el Cuerpo de Cristo, además de una percepción mayor de nuestros dones espirituales específicos (1 Corintios 12).

Aprendemos mucho observando las circunstancias que rodean el comienzo del ministerio público de Jesús (Lucas 4). Observe que fue al desierto "lleno del Espíritu Santo". Sin embargo, regresó a Galilea "en el poder del Espíritu". Ser lleno del Espíritu es conocer a Dios y su carácter; andar en el poder del Espíritu es cuando sabemos que tenemos en nuestra vida la fuerza y la autoridad dadas por Dios para realizar su voluntad.

El poder del Espíritu es esencial para que cumplamos la misión que

> *El ayuno y la oración son esenciales para recibir una visión clara del camino específico de Dios para nuestra vida.*

Dios tiene para nosotros. Dios podría estar guiándolo a ayunar para que usted pueda recibir las instrucciones específicas para su vida. Él lo capacitará no solo para conocerlo sino para andar en su poder a fin de cumplir lo que Él lo ha llamado a hacer.

¡Eso es emocionante!

> *Un hombre no puede tomar una mayor provisión de gracia para el futuro así como no puede comer hoy para que le dure los próximos seis meses, ni tomar en sus pulmones de una vez suficiente aire para sustentar su vida la próxima semana. Debemos acercarnos a los depósitos ilimitados de la gracia de Dios de día en día, a medida que la necesitamos.* — D. L. Moody

Plan de lectura bíblica: Lucas 15

Foco de la oración: ¿Hay áreas de su vida que necesitan mayor claridad? ¿Está usted andando en el poder del Espíritu y viviendo en el propósito de Dios para su vida? Escriba esas cosas que Dios le está hablando. Mientras concluye su ayuno, ore que Dios le revele continuamente su propósito y le dé una claridad y una fuerza siempre crecientes para cumplirlo.

Plan de lectura opcional del libro: Capítulo 12

El diario del despertamiento

_____
_____
_____
_____
_____

Los próximos veintiún días

> Nunca dejen de ser diligentes; antes bien, sirvan al Señor con el fervor que da el Espíritu
> — Romanos 12:11, NVI

ORO QUE ESTOS veintiún días hayan sido una experiencia increíble para usted. Quiero alentarlo, además, a que se proponga los próximos veintiún días y los siguientes veintiún días después de eso, etc. Mantener el fuego y el fervor por Dios ardiendo en su corazón es lo que mantendrá fresca y nueva su relación con Él. Le permitirá seguir sirviéndolo y obedeciéndolo desde una posición de "querer", y experimentará el gozo de su salvación todos los días, sin importar lo que la vida le depare en su camino.

Los principios que ha practicado en estos veintiún días son muy fáciles de mantener a largo plazo. La oración, el ayuno, y la devoción privada son bastante fáciles de incorporar a su vida diaria. Durante estos veintiún días, usted ha creado espacio para que Dios lo llene. La mejor manera de continuar con la misma práctica es mantener ese espacio abierto indefinidamente. ¡No permita que se cierre! Proteja ese tiempo y ese espacio con Dios y hágalo su prioridad de cada día.

Al igual que leer la Biblia, orar y asistir a la iglesia, ayunar también es un estilo de vida. Lo aliento a establecer en su vida una frecuencia y una continuidad del ayuno, como hago yo. Cada enero, aparto veintiún días para orar, ayunar y buscar a Dios. Sin embargo, algunos años, bajo la guía del Espíritu Santo, este tiempo de concentración podía ser de treinta o cuarenta días. Después de eso, ayuno un día por semana durante el resto de año. Ayuno tres días consecutivos adicionales en primavera, siete días consecutivos en agosto "al regreso del receso escolar" y tres días consecutivos en noviembre.

Recuerde, esto no es algo legalista. Esto es "experimentar a Dios".

Es como entrar al cielo para sintonizar, a fin de poder mantener mi pasión por Dios y mi deleite en Él a su máximo nivel. Lo animo a hacer lo mismo. Comprenda lo que da resultado para usted, comprométase a eso, y hágalo parte de su vida.

No hay en mi mente duda de que al seguir los principios presentados en este libro, usted ha experimentado la presencia de Dios de una manera poderosa. Cada enero en la Iglesia Celebration recibimos cientos de testimonios de personas que han participado de El Despertamiento: 21 días de oración y ayuno. Oímos acerca del increíble mover de Dios, de personas que tienen un encuentro con Él de una manera poderosa, y de toda clase de milagros e importantes avances que tienen lugar como resultado de que las personas se acercan más a Dios. Le compartí algunos de ellos en este libro. Son aliento para mí y para todos quienes los lean.

> Es como entrar al cielo para sintonizar, a fin de poder mantener mi pasión por Dios y mi deleite en Él a su máximo nivel.

Si usted tiene un relato personal que desea compartir, por favor envíelo por correo electrónico o escríbame (ver información de contacto al final del libro). Me encantaría oír lo que Dios ha hecho en su vida por medio de *El despertamiento*.

Recuerde, se supone que el estilo de vida de un cristianismo apasionado es la regla, no la excepción. Nunca se conforme con menos. Mantenga el fuego de Dios ardiendo en su corazón y haga lo que se requiera para alimentar su hambre espiritual por Dios.

> *La tendencia del fuego es apagarse; vigila el fuego en el altar de tu corazón. Cualquiera que se haya ocupado del fuego de una chimenea sabe que es necesario atizarlo ocasionalmente.* — WILLIAM BOOTH

Guía de estudio para grupos pequeños

SEMANA UNO

Apertura

En Mateo 9:15 Jesús dijo que sus discípulos "ayunarán". Todo lo que Jesús nos enseñó que hiciéramos tiene un propósito, es poderoso y efectivo. Siendo esto así...

1. ¿De qué manera considera usted que ayunar afectará su relación con Dios y los planes divinos para su vida?

Discusión

El ayuno, cuando se une con la oración, es uno de los ejercicios espirituales más poderosos que podamos practicar. Con el tiempo, las presiones de la vida, la debilidad de la carne y el trajín diario de la vida pueden abrumarnos, haciéndonos salir de sintonía con Dios y su plan para nuestra vida. Pero el ayuno ayuda a apretar el botón de reiniciar, y nos acerca a Dios (Santiago 4:8).

2. ¿Qué ocurre cuando comenzamos a desviarnos de la voluntad de Dios para nuestra vida?

3. ¿Cuáles son algunas de las señales de advertencia que ha experimentado que indican que es hora de apretar el botón de reiniciar?

En Lucas 4:1 cuando Jesús fue guiado al desierto, la Biblia dice que Él estaba lleno del Espíritu Santo. Después de cuarenta días de ayuno...

> Y Jesús volvió en el poder del Espíritu a Galilea, y se difundió su fama por toda la tierra de alrededor. (Lucas 4:14)

4. ¿Cómo podría describir lo que le ocurrió a Jesús como resultado de su tiempo de oración y ayuno de cuarenta días?

Observemos un ejemplo de ayuno del Nuevo Testamento:

> Ministrando éstos al Señor, y ayunando, dijo el Espíritu Santo: Apartadme a Bernabé y a Saulo para la obra a que los he llamado. Entonces, habiendo ayunado y orado, les impusieron las manos y los despidieron (Hechos 13:2-3).

5. ¿Cuáles fueron los resultados de este tiempo de ayuno y oración?

Requiere un esfuerzo deliberado de nuestra parte quitar cualquier obstáculo que haya entre nosotros y Dios. El ayuno limpia nuestro cuerpo y nuestra mente, abriendo camino a lo sobrenatural, permitiendo que el poder vuelva a fluir libremente a nuestra vida. Es como una puesta a punto espiritual.

Aplicación

Jesús dijo "cuando ayunéis", no "si ayunáis". El ayuno simplifica nuestra vida, porque al acercarnos a Dios, Él vuelve a poner nuestro foco espiritual en alineación con su voluntad. Es como apretar el botón de reiniciar, tanto espiritual como físicamente. Cuando nos alineamos con los planes que Dios tiene para nosotros, Él libera su gracia capacitadora y su poder para llevarlos a cabo.

Oración

Compartan necesidades y peticiones y oren unos por otros.

SEMANA DOS

Apertura

¿Cuánto importa realmente la oración? ¿Cómo sé que Dios me oye cuando oro? ¿Cómo puedo saber que Dios dirá sí a mis oraciones?

Guía de estudio para grupos pequeños   199

Estas son preguntas que la mayoría de nosotros nos hicimos en algún momento de la vida.

1. ¿Qué pregunta acerca de la oración le gustaría más tener respondida?

Discusión

Santiago 5:16 dice: "La oración eficaz del justo puede mucho".

2. ¿Qué significa para usted la palabra *eficaz*?

Cuando aceptamos a Jesús como nuestro Salvador, somos hechos justos ante los ojos de Dios. Cuando oramos, Dios quiere que nos acerquemos a Él con la confianza de saber que Él nos ama y nos acepta.

3. ¿Cree usted que algunos de sus propios problemas o la manera en que se comporta impide que Dios conteste sus oraciones?

Jesús dijo: "Si permanecéis en mí, y mis palabras permanecen en vosotros, pedid todo lo que queréis, y os será hecho" (Juan 15:7). Basándonos en este versículo...

4. ¿Podemos orar por cualquier cosa que queramos y saber que Dios lo hará? ¿Cuál es nuestro rol en la oración?

5. Hablando en general, cuando usted ora, ¿encuentra que está orando por alivio de algún problema, o para que Dios sea glorificado?

6. ¿Tiene confianza en que Dios oye sus oraciones? ¿Por qué sí o por qué no?

Aplicación

Lleve un registro de su vida de oración. Será más efectivo cuando esté basado en la Biblia y se fundamente en un corazón que glorifique a Dios. ¿Qué ajustes puede hacer en su vida para pasar más tiempo buscando a Dios?

Oración

Concluyan este tiempo juntos trayendo peticiones a Dios así como buscando glorificarlo con sus oraciones.

SEMANA TRES

Apertura

El ayuno del Nuevo Testamento busca poder acercarnos más a Dios y alinearnos con Él. No ayunamos para intentar que Dios cambie de idea; en vez, nosotros somos los cambiados.

1. ¿De qué manera el ayuno del Nuevo Testamento nos brinda una clase de experiencia de ayuno diferente?

Discusión

El ayuno nos lleva a un pleno acuerdo con la voluntad de Dios. Como dijo Jesús mientras enseñaba a sus discípulos cómo orar:

Vosotros, pues, oraréis así:

Padre nuestro que estás en los cielos,

santificado sea tu nombre.

Venga tu reino.

Hágase tu voluntad,

como en el cielo, así también en la tierra, (Mateo 6:9-10)

2. ¿Cuál es el significado de la palabra *reino* en el padre nuestro?

3. Cuando ayunamos, ¿cómo vendrá su reino y su voluntad será hecha en nuestras vidas?

El ayunar crea un nuevo odre. Mateo 9:14-17 dice:

Entonces vinieron a él los discípulos de Juan, diciendo: ¿Por qué nosotros y los fariseos ayunamos muchas veces, y tus discípulos no ayunan?

Jesús les dijo: ¿Acaso pueden los que están de bodas tener luto entre tanto que el esposo está con ellos? Pero vendrán días cuando el esposo les será quitado, y entonces ayunarán. Nadie pone remiendo de paño nuevo en vestido viejo; porque tal remiendo tira del vestido, y se hace peor la rotura. Ni echan vino nuevo en odres viejos; de otra manera los odres se rompen, y el vino se derrama, y los odres se pierden; pero echan el vino nuevo en odres nuevos, y lo uno y lo otro se conservan juntamente.

4. ¿Qué podría representar en nuestra vida personal un odre nuevo?

5. ¿De qué manera alinearnos con Dios por medio del ayuno logra cambios en nuestra vida y nos deja transformados por el Espíritu Santo?

El ayuno y la oración nos llevan a un lugar de misión.

6. Jesús ayunó y oró durante cuarenta días (Lucas 4:1-13). ¿Cómo lo preparó esta experiencia para cuando salió del desierto?

7. Si seguimos el ejemplo de Jesús, ¿qué cree que Dios nos llamará a hacer para prepararnos a fin de llevar a cabo su misión en nuestras vidas?

Aplicación

La oración y el ayuno vuelven a comprometernos con el señorío de Cristo en que podemos andar de acuerdo a su voluntad, en alineación con un cielo abierto, y confiados en que Él nos dará la gracia, la fuerza, y la sabiduría para cumplir nuestra misión divina.

Oración

Juntos ofrezcan oraciones de acción de gracias por lo que Dios ha hecho "y hará" a causa de este ayuno de veintiún días.

Reconocimientos

A mi amada esposa, Kerri, por todo lo que has añadido a mi vida. Gracias por tu constante apoyo y tu aliento. Estoy muy agradecido por ti.

A mis maravillosos hijos, Kaylan, Stovie y Annabelle. Ustedes me dan mucho gozo. Me encanta ser su papá.

A Linda Riddle, por tu contribución a *El despertamiento* y por tu compromiso y entusiasmo para verlo en cada paso del camino.

A Jeff Dunn, por tu investigación y conceptos útiles durante esos días formativos. Te aprecio mucho y estoy muy agradecido por tu ayuda.

Acerca del autor

STOVALL WEEMS ES el fundador y pastor líder de la Iglesia Celebration en Jacksonville, Florida, una de las iglesias más grandes y de más rápido crecimiento en Estados Unidos.

La Iglesia Celebration es una iglesia global, diversificada, con organización multisitio, que alcanza a personas de todos los estilos de vida. Desde su inicio con solo siete personas en 1998, la iglesia ha crecido tanto regional como internacionalmente a doce locaciones a las que asisten semanalmente más de diez mil personas.

Stovall es conocido por su estilo de comunicación enérgico, empático y práctico. Como pastor, maestro y conferencista, su ministerio se enfoca en la edificación de la iglesia local, alcanzando personas con el evangelio, y desarrollando apasionados seguidores de Cristo.

Stovall es también el líder de El Despertamiento, una campaña espiritual de veintiún días de oración y ayuno que se realiza cada enero. El despertamiento sirve para capacitar a miles de pastores, iglesias y líderes de ministerios de todo el mundo, inspirando una cultura de oración y ayuno en sus iglesias y ministerios.

Stovall y su esposa Kerri tienen tres hijos: Kaylan, Stovie y Annabelle.

¡ÚNASE A MÁS DE UN MILLÓN DE PARTICIPANTES!
El Despertamiento:
21 días de oración, ayuno y devoción en enero

Dirigido por el pastor Stovall Weems, la meta de El Despertamiento está dividida en tres partes:

Inspirar...
pastores, iglesias y líderes ministeriales para que establezcan o fortalezcan una cultura de oración y ayuno en sus iglesias o ministerios locales.

Equipar...
pastores, iglesias y líderes ministeriales con recursos y herramientas que los ayuden a facilitar una exitosa temporada de oración y ayuno en sus comunidades.

Orar...
y ayunar unidos al comienzo del año, de manera que nuestras iglesias y liderazgo alcancen la mejor eficacia posible en el año que se aproxima.

Para más información e inscripción para recursos, visite:
Awake21.org